"차이와 다름이 세상을 더 멋지게 만듭니다. 이 책은 그 중요한 사실을 알려 줍니다."

— 트리샤 허시버거(Trisha Hershberger), 소스페드(SourceFed) 유튜브 호스트

"역량 강화 비법을 요리책같이 친절하게 알려 줍니다. 실용적이고 잘 읽혀요. 완전 멋져요. 에밀리—앤도 완전 멋져요."

— 낸시 루블린(Nancy Lublin), DoSomething.org의 CEO 겸
크라이시스텍스트라인(Crisis Text Line) 설립자

"영감을 주는 책입니다. 그리고 실용적입니다."

— 개비 그레그(Gabi Gregg), 패션 블로거

"우리 아이들은 '넌 부족해'라는 말을 너무 자주 듣습니다. 이 책은 '난 충분해'라고 외치게 함으로써 이러한 잘못된 문화에 대항합니다. 에밀리—앤의 목소리는 중요합니다. 그녀가 지금의 세대를 이끕니다."

— 테일러 트루던(Taylor Trudon), 〈허핑턴포스트〉의 '허프포스트 틴(HuffPost Teen)' 편집자

"할리우드의 비현실적인 기준에 맞추느라 나 자신을 잃었었죠. 이 책이 진작 나왔더라면 얼마나 좋았을까요."

— 모니크 콜먼(Monique Coleman), 배우 겸 세계 청소년 운동 후원자

"에밀리-앤은 세상을 더 나은 곳으로 만듭니다. 우리들 한 명 한 명이 결점을 포함한 자기 자신을 오롯이 아끼고 보듬도록 진심으로 응원합니다."

— 앤 쇼켓(Ann Shoket), 밀레니얼 세대 전문가, 전(前)《세븐틴》편집장

"자라나는 현세대의 목소리를 모아 들려줍니다."

— 한나 브렌처(Hannah Brencher), 모어러브레터스(More Love Letters) 설립자이자 TED 강연자

"적시에 나온 적확한 책입니다."

— 에릭 도슨(Eric Dawson), 피스퍼스트(Peace First) 설립자

"이야기는 흥미진진하고 조언은 현실적입니다. 재치도 있고요. 책을 손에서 놓지 못하고 단숨에 읽었습니다. 독자들에게 많은 생각거리를 제공합니다. 우리가 자신의 결점을 껴안고 더 역량 있는 삶을 살도록 친절히 이끕니다."

— 제스 위너(Jess Weiner), 작가이자 자신감 전문가

"결함을 가진 당신의 아름다운 삶을 힘찬 필치로 써 내려가는 작가는 바로 당신입니다. 이 책을 읽고 나면 놀라운 변화가 나타날 것입니다."

— 데니즈 레스토리(Denise Restauri), 걸퀘이크(GirlQuake) 설립자 겸 CEO

"모든 청소년이 이 책을 읽으면 좋겠습니다. 이 책을 통해 청소년들은 그들에게 꼭 필요한 격려와 마땅한 이해를 받을 것입니다."

"에밀리-앤은 십대들에게 십대의 언어로 이야기합니다. 희망과 건강, 행복의 강력한 메시지를 전달합니다."

"미움은 우리 삶을 좀먹습니다. 그 미움의 고리를 끊으려는 분들께 이 책은 필독서입니다. 에밀리-앤은 우리 각자가 자신의 자리를 찾고, 그 과정에서 차이를 만드는 방법을 보여 줍니다."

"이 책은 바꾸는 책입니다. 십대들이 자신을 보는 관점을 바꾸고, 그들이 앞으로 삶을 살아갈 방식을 바꾸고, 게다가 세상을 바꿉니다."

"새 친구들이 삼삼오오 모여 있는 방에 문을 열고 들어선 기분? 이 책을 읽는 느낌이 그랬습니다. 친절하고 애정 넘치는 분위기 속에서 수많은 깨알 팁을 얻을 수 있었답니다."

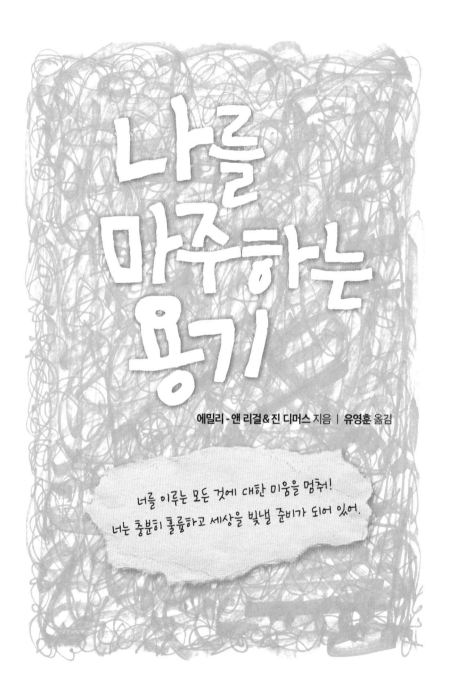

나를
마주하는
용기

에밀리-앤 리걸&진 디머스 지음 | 유영훈 옮김

너를 이루는 모든 것에 대한 미움을 멈춰!
너는 충분히 훌륭하고 세상을 빛낼 준비가 되어 있어.

🌱 나무생각

내 꿈에 고개를 끄덕여 주고,

타인을 있는 그대로 인정하는 게 왜 중요한지를

가르쳐 준 사랑하는 아빠에게 이 책을 바칩니다.

차 례

들어가는 말 – 너에겐 결점이 있어   11

1 • 너를 봐   21

2 • 관점의 확대   43

3 • 모든 것이 놀이다   66

4 • 생각하고, 생각한다, 다시   88

5 • 네 전부를 껴안아   115

6 • 영향력의 힘   146

7 • 결점으로 빛난다   177

참고   205

감사의 말   212

너에겐 결점이 있어

맞아, 결점이 있다고 말했어.

한 번 더 강조해서 말할게.

너에겐 결점이 있어.

지금부터 그 이야기를 할 거야.

내 친구들도 다들 결점이 있어.

그러니까 너에게 결점이 있다고 해도

넌 혼자가 아니야. 절대로!

누구에게나 결점은 있어요. 육체적인 결점, 성격적인 결점, 그냥 나 자신
에 대해 마음에 안 드는 점까지 다양하죠.

Momo055650, 16세

시작하자마자 듣기 싫은 결점에 관해 돌직구를 던지는 사람이 누구냐고? 바로 나, 에밀리-앤 리걸이야. 나는 열여섯 살 때 비영리단체 위스톱헤이트(WeStopHate)를 설립했어. 그로부터 5년이 흘렀지만, 여전히 나는 사람들이 자기 본래의 모습을 받아들이고 좋아하도록 돕고 있어. 이 일에 열정을 가지고 있지.

결점은 나를 사로잡는 연구 과제야. 넌 어때? 왜 우리는 결점을 가질 수밖에 없으며, 왜 아래와 같은 일에 엄청난 에너지를 소모하는 걸까?

☐ **결점을 회피하고** 외면한다.

☐ **결점에 강박적으로** 신경 쓴다.

☐ **결점을 들키지 않으려고** 애쓴다.

☐ **타인의 결점에** 너그럽지 못하다.

간단히 말해서 왜 우리는…

결점을 싫어할까?

그런데 그거 알아?
그러지 않아도 돼.

어쩌면 넌 결점 때문에 쉽게 상처받는 사람일지 몰라. 아니면 결점을 이미 초월했을 수도 있지. 자신의 결점을 받아들이면 스스로 자유로워진다는 사실을 아는 거지. 그리고 그런 해방감을 남들도 느끼길 바랄지 몰라.

그냥 자기 결점을 받아들이고 살아가는 거예요. 살면서 할 일이 얼마나 많은데요. 피부에 트러블 좀 있다고 해서, 연예인처럼 예쁘지 않다고 해서, 머리가 똑똑하지 않다고 해서, 하는 일마다 다 성공하지 못한다고 해서 걱정할 필요는 없어요.

Momo055650, 16세

사람은 누구나 이 그림의 어느 단계에 있어. 넌 어디쯤에 있니?

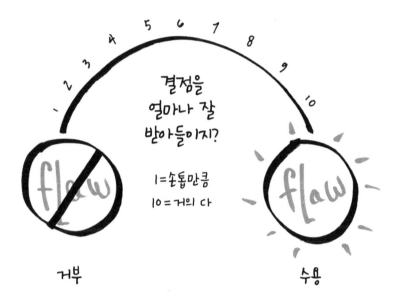

이렇게 해 보자. 네가 1에서 10 가운데 어딘가에 있다고 치자.
만약에, 만약에 말이야, 우리가 한마음으로 좀 똘끼를 발휘해서
이렇게 외치면 어떨까?

"나에겐 결점이 있어! 뭐, 어쩌라고!"

내 화장은 거의 항상 엉망이야. 성가신 뻐드렁니는 치열 교정으로도 어쩌지 못해. 천식은 또 어떻고. 천식 때문에 약골처럼 보이잖아. 피부도 끝내주지는 않지. 손은 통통해. 믿기지 않겠지만 난 수줍음도 많아. 내 이런 점들이 마음에 안 들 때도 있어. 이런 결점들이 없는 완벽한 사람이 되고 싶다고 꿈꾸기도 하지. 하지만 그건 내가 아니잖아. 내가 아닌 사람이 되기는 더 싫어.

AidanIsWeird, 15세

만약에, 만약에 말이야, 우리가 모두 솔직하게 자신의 결점들을 받아들일 수 있다면 어떨까? 가능하지 않을까? 이건 결점들을 바라보는 우리 마음을 어떻게 다루느냐의 문제야. 그것이 이 책의 주제고.

모든 것은 관점에 달렸어. 우리의 관점을 잘 살펴보고 바꿔 보는 것이지. 그러면 우리가 비록 결점을 싫어하는 분위기가 당연한 사회에 살고 있다고 해도 결국에는 결점을 사랑하는 방향으로 움직일 수 있을 거야.

옛날 얘기 좀 해볼게.

←

나는 내 유튜브 친구들에게 다음과 같은 질문들을 던지고 그 답을 동영상으로 만들어 올려 달라고 했어. 이 책은 그렇게 해서 탄생했지.

* **자신감을 높이는 너만의 방법이 있니?**

* **따돌림이나 괴롭힘을 극복한 너만의 경험이 있니?**

* **네 이야기를 우리에게 들려줄래?**

왜 이런 질문들을 했냐고?

초등학교 때 비만이었던 나는 심한 괴롭힘과 따돌림을 당했어. 나는 거기서 헤어나왔고, 이제 괜찮다고 생각했어(다른 학교로 전학을 갔고, 새 친구들은 나를 있는 그대로 받아 주었어. 내 결점까지.). 하지만 사실 완전히 괜찮은 게 아니었어. 왜냐하면…

내가 알게 모르게 나를 자학하고 있었던 거야.

다행히도 새로운 학교의 친구들은 타인을 함부로 대하는 건 옳지 않다는 바른 생각을 가진 아이들이었어. 그들과 많은 시간을 함께하면서 나도 점차 그들을 닮아 갔어. 그리고 나 자신을 더 편안한 눈으로 바라보기 시작했지. 일단 스스로에 대해 좋은 기분을 느끼고 나자 다른 사람들도 나와 같은 기분을 느끼면 좋겠다고 생각했어. 머리가 확 깨이는 순간이었다고 할까….

스스로에 대해 좋은 기분을 느끼는 사람은 남들도 같은 기분을 느끼길 바란다.

타인을 깎아내리지 않는다는 뜻!

이건 내가 지금보다 더 어렸을 때 일어난 일이었어. 그래서 가장 좋았던 점이 뭔지 알아? 왜, 질풍노도의 시기에는 하고 싶은 일은 겁 없이 추진하잖아. 앞뒤 안 재고 그냥 해 버리는 거지.

유튜브 채널을 하나 만들었어. "이름… 그래, '위스톱헤이트(WeStopHate)'라고 하자! 유튜브 친구들에게 자신감과 학교 폭력, 왕따에 관한 이야기를 들려 달라고 하자. 그들의 경험담을 짧고 재미있는 동영상으로 만들어 올려 달라고 하는 거야."

WeStopHate는 큰 호응을 얻었어. 유튜브 비영리 역대 채널들 가운데 구독자 수가 스물일곱 번째로 많았지. 첫 번째 동영상(JJWebShows101 감사!)을 포스팅한 지 여덟 달 만에 이룬 쾌거야.

WeStopHate는 전 세계 십대들에게 큰 의미가 있는 공간입니다. 부정적인 생각에 대해 긍정적 사고로 맞서 싸우는 다른 수많은 아이들의 이야기를 듣는 통로죠.

WhatThePoo, 17세

동영상 조회 수는 수직 상승했고(와우, 100만!), 고마운 응원 댓글도 줄줄이 달렸어. 정신을 차려 보니 전 세계에서 십대들이 자작 동영상을 보내오고 있더라고. 개인사를 들려주고, 조언과 영감을 나누려는 그들은 모두 창조적인 십대들이었어. 우리는 WeStopHate 캠페인 팔찌를 만들어 미국 전역과 전 세계로 발송을 시작했지. 캠페인은 온라인과 오프라인 모두에서 입소문이 나서 사회적 운동으로 커지는 지점에 이르렀어.

> 내가 바로 나 자신이라는 사실을 여러분 모두가 알았으면 좋겠어요. 세상에 단 하나뿐인 여러분의 존재는 그 자체로 아름답습니다. WeStopHate와 함께하세요.
>
> AdorianDeck, 18세

이렇게 된 이야기야. 한순간의 번뜩임이 삶의 철학으로 바뀌었고, 삶의 철학은 다시 사회적 운동으로 바뀌었지. 이 책도 그 캠페인의 결과물 중 하나인 거고!

난 이 책이 널 도울 수 있다고 생각해. 나이는 불문. 왜냐하면 자존감은 나이가 들면서 자연히 생기기보다는 평생에 걸쳐 제대로 자리 잡을 때까지 다루어야 하는 문제니까.

네가 이 책을 읽고 있어서 무척 기뻐. 이 책은 오늘날 십대들이 고민하는 문제들을 잔뜩 다루고 있어. 그리고 그들의 통찰은 모든 연령대의 독자에게 의미가 있지.

자, 그럼 시작해 볼까? 슬기로운 십대들이 세상을 향해 해 줄 말은 무얼까? 그들은 다음과 같은 제안을 하고 있어.

스스로를 완벽하게 불완전한 존재로 본다.

인생을 가능한 한 명랑한 태도로 대한다.

정말로 중요한 것들에 관해 생각한다.

너를 너이게 만드는 모든 것을 껴안는다.

영향력과 그것의 작용 방식을 이해한다.

결점은 강력하게 탈바꿈될 수 있음을 안다.

이 책의 독자가 십대든 아니든 상관없어. 누구든 대박 슬기로운 십대들의 이야기에 고개를 끄덕일 테니까.

대박 재미있고,

친절하고,

음, 당연히 결점도 있지.

나쁜 게 아냐. 인간적인 거지.

↑ 아주.

너를 봐

넌 특별해. 남들과 달라도 돼. 있는 그대로의 너면 돼. 난 아름답다고 스스로에게 말해 봐. 마음도 몸도 다. 실제로 그렇잖아.

DaniCaliforniaStyle, 16세

난 누구지?

이 질문을 나에게 던져 봤어. 머리가 굳은 것 같았지. 마치 수업 시간에 선생님이 되게 쉬운 질문을 하셨는데, 정말 내가 답을 모를 리가 없는 질문인 것만 같은데, 대답을 하지 못할 때의 느낌이랄까?

"난 누구지? 난 누구지? 정말 난… 누구지?"

단 네 글자로 이루어진 정말 짧은 질문이잖아. 그런데 제대로 한 방 먹은 기분이었어.

문제는 사실 이건 너무나 큰 질문이란 거지. 두뇌 용량을 초과하는 질문이었어.

난 누구지?

질문에 답하려면 먼저 이것을 머리에 넣을 수 있는 한입 크기 질문들로 쪼갤 방법을 찾아야만 해.

친구들에게 있어… 난 누구지?
우리 가족에게… 난 누구지?
내 미래를 상상할 때… 난 누구지?
아침에 눈을 떠서 첫 생각이 들기 전에… 난 누구지?

흔히들 사람은 '하나'의 인격을 갖는다고 해. 그런데 인격이란 사실 매우 복잡한 개념이거든. 우리의 인격은 다양한 상황에서 다양한 양상으로 드러나. 이것은 우리가 누구와 있느냐, 무엇을 하고 있느냐, 한 시간 전에 얼마나 많은 당분을 섭취했느냐 등등 에 따라서 달라져.

"난 누구지?"

이 질문에 답할 방법을 그냥 떠오르는 대로 적어 봤어.

❀ 내 안의 다양한 성격이 모여서 나를 이루는 거라면 그 하나하 나는 무엇 같을까?

❀ 만약에 내가 사람이 아닌 동물이라면 어떤 동물일까? 그 이 유는?

❀ 내가 정말로 좋아하는 어떤 일을 하고 있다면(그 일을 하는 나 자신을 사랑한다면) 열심히 그 일에 전념하는 동안 어떤 자질 들을 경험할까? 그것이 나라는 사람의 정수일까?

❀ 무언가를 만들어 보는 것도 내가 누구인지 아는 좋은 방법이 야. 무언가를 만든다면(무엇이든 좋아.) 그것은 무엇일까?

그래, 솔직히 말할게. 구글 검색을 좀 참고했어. 순전히 내 생각은 아니야. 어쨌든 좋은 질문은 맞는 것 같아. 하지만 '난 누구지?'란 질문의 핵심에는 여전히 닿지 않고 있어.

어떻게 닿지?

한 페이스북 친구가 보석 같은 글귀를 포스팅했더라고. '난 누구지?'라는 질문의 핵심에 닿을 실마리가 아닐까 싶어.

우리는 우리의 **이야기**를 우리 자신으로 오인한다.

우리에게는 **이야기**가 있다.

하지만 우리는 우리의 **이야기**가 아니다.

— 마크 마토섹(Mark Matousek)

내 모든 인생 경험이 실재의 나는 아니라는 의미야. 경험은 사실 내가 아니라 내가 가진 거야.

'경험함으로써 존재하지 않고 경험을 소유한다'는 이 자기관을 접하고서 나는 나라고 생각하기 쉬운 다른 것들에 관해서도 생각해 봤어. 그러니까 그게 나라고 착각을 한다는 거지.

> 인터넷에 올리는 우리 모습은 실은 거짓이야. 나도 한때 인터넷에 나를 꾸며 올렸었거든. 하지만 그 모습은 내가 아니라는 사실을 깨닫고 그만뒀어. 가짜가 되긴 싫더라고. 진짜 내가 누군지 알아야 한다고 생각해. 나는 토미야. 인터넷 속의 그는 토미가 아니었어.
>
> JustAddTommy, 17세

이렇게 물어볼게.

넌 네가 네 몸이라고 생각하니?

너를 네 몸이라고 생각하기는 쉽다고 봐. 왜냐하면 시선을 내리면 바로 네 몸이 보이니까.

내가 여기 있네. 이게 나야. 바로 여기 있어.

네가 옳다고 생각할 수도 있지만(나도 그랬거든) …틀렸어. 우리의 몸은 우리의 일부가 틀림없어. 우리의 경험이 우리의 일부인 것처럼 말이야. 다시 말하면, 네 몸은 네 이야기와 같은 맥락이야. 그러므로…

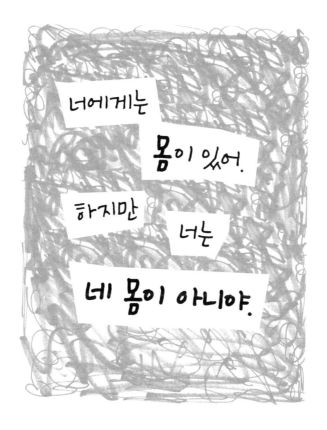

너에게는 몸이 있어. 하지만 너는 네 몸이 아니야.

여기서부터 우리 질문에 답하기 위한 첫걸음을 내디뎌 보자.
"난 누구지?"

너는
많은 것들로 이루어져 있어.
하지만
그중 어느 것은 아니야.

네가 네 이야기가 아니고, 네가 네 몸이 아니라면…

넌… 네 이름이니?

넌… 네 꼬리표니?

넌… 네 경험이니?

넌… 네 나이니?

넌… 네 사회적 지위니?

넌… 네 인격이니?

아니, 그렇지 않아.

너에겐 이야기가 있지만, 넌 네 이야기들이 아니야.

너에겐 몸이 있지만, 넌 네 몸이 아니야.

너에겐 이름이 있지만, 넌 네 이름이 아니야.

너에겐 꼬리표가 있지만, 넌 네 꼬리표가 아니야.

너에겐 경험이 있지만, 넌 네 경험이 아니야.

너에겐 나이가 있지만, 넌 네 나이가 아니야.

너에겐 사회적 지위가 있지만, 넌 네 사회적 지위가 아니야.

너에겐 인격이 있지만, 넌 네 인격이 아니야.

이렇게 말하는 게 정말 부정적으로 보일 거야.

넌 아마도 이렇게 생각할 테지.

'난 무언가임에 틀림없어.'

내가 해 주고 싶은 말은 이거야.

"그래, 너한테는 무언가가 많아."

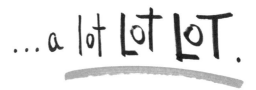

너는
신비로운 사람이야.

이런 말을 들어서 아주 안심이 되든가, 아니면… 이 책에 못 미더운 눈길을 보내며 이렇게 생각할 거야. '아, 뭐래?'

세상 사람들은 '아는 게 힘'이라고들 해. 다들 무언가를 알려고 애쓰지. 또 알아야만 하고. 그래야만 문제가 생기지 않을 것 같아 안심이 되거든.

하지만 냉정하게 바라보면 세상은 알 수 없는 것투성이야. 21세기를 사는 인류인 우리의 삶만 봐도 온통 신비로 가득해.

이 사실을 기억하고 자신에게 이렇게 물어봐.

나는 어디서 왔지?

나는 왜 여기 있지?

난 무엇을 사랑하며, 왜 그것을 사랑하지?

왜 내 방식을 힘겹게 지켜 가지?

다음에는 무슨 일이 일어날까?

이미 일어난 일은 왜 일어났을까?

내가 여기 있는 동안 어떻게 기여할까?

왜 나는 '너'가 아닌 '나'인 걸까?

나는 어디서 끝나고 또 너는 어디서 시작할까?

답을 못 해도 괜찮아. 앞으로도 못 할지 몰라. 정말이야.

안다는 것은
움직이는 과녁과 같아.
맞출 때도 있고
빗나갈 때도 있지.

그건 왜냐하면…

너는
끝임없이 변해.

너와 네 주변의 모든 것.

　너 자신과 다른 사람들, 그리고 세상을 다 안다고 생각하겠지만, 이것들은 휙휙 변해. 변하지 않을 방도는 없어. 태어난 순간부터 죽는 날까지 세상은 변하거든.

모든 것이 끊임없이 변하는데, '난 누구지?'와 같은 질문에 어떻게 답하지? 논리적으로 불가능하잖아.

계속해서 변하는 나의 끝을 어떻게 아느냐는 얘기야.

그래서 생각해 봤어. '난 누구지?'에 관해 따져 볼 좋은 방법이 없을까? 이러면 어떨까? '난 누구지?'라는 질문을 마치 게임처럼 여기는 거야. 하지만 이기려고 애쓰는(질문의 답을 성공적으로 찾으려는) 게임이 아니야. '난 누구지?' 게임의 목표는,

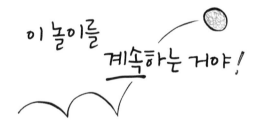

계속해서 '난 누구지?'라고 묻는 것. 왜냐하면 존재한다는 건 곧 과정이니까. 지속적인 탐구 과정이야. 그러면서 나를 더 알아가고… 조금 더 알아가고… 또 알아 가는 거야….

넌 신비로운 사람이야. 끊임없이 변하는 사람이고. 하지만 끊임없이 변하는 신비로운 상태로 세상을 살 수는 없잖아? 쟤 좀 이상하다는 소리 듣기 딱 좋지. 그러니까 네 끊임없이 변하는 신비로운 존재에 어떤 보호막을 씌우는 게 나을 것 같아(우리 모두가 그러고 있어). 넌 비록 네가 누구인지 계속 밝혀내고 있지만, 그러는 동안 네 행동에 어떤 일관성을 주는 장치 말이야.

• 너에 관한 진실 4 •

너는
가면을 썼어.

그래, 가면. 하나가 아닌 여러 개의 가면이야. 너에게는 여러 가면이 있어. 모든 사람, 우리들 각자는 인생을 살면서 가면을 만들어 착용해. 그 가면은 우리의 일부인 것들로 만들어져. 우리 몸, 이름, 이야기, 꼬리표, 경험, 나이, 사회적 지위, 인격 등등이지.

너도 아주 어릴 때부터 가면을 만들기 시작했을 거야. 자신의 다양한 일부를 취해서 어떤 건 다른 것보다 더 강조하며, 그것들을 엮어서 마침내 하나의 가면을 내놓는 거야. 세상에 단 하나뿐인 주문 제작 명품 가면이지. ← 눈의 결정이 제각각인 것처럼! ❄

내 손가락 지문처럼 나라는 사람도 세상에 단 한 명밖에 없어. 그게 얼마나 멋진 일인지를 배우고 있어.

KaitlynMariex3, 16세

네 가면은 많은 노력을 기울여 일단 한 번 만들고 나면 '다 됐다!'고 털어 버릴 수 있는 그런 게 아냐. 가면 제작은 평생에 걸친 과업이지. 사람은 계속해서 변하기 때문이야.

내 삶을 예로 들어 볼게. 지금 나는 대학생이고, 사회적 활동에 관심이 많아. 그렇기 때문에 내가 쓰고 있는 가면은 긍정적 변화를 만들기 위해 헌신하는 명랑한 열혈 운동가야. 이 가면이 세상에 날 내보이는 방식이지.

6년 전의 나는 유쾌한 유튜브 동영상 제작에 관심이 있었어. 그때는 카메라 앞에서 실없이 조잘대는 십대의 가면을 썼어.

남학생인데 화장을 하고 블링블링 액세서리를 걸치고 싶다고? 여학생인데 미식축구 유니폼과 밀리터리 바지를 입고 싶다고? 뭔 상관이야. 멋지기만 하면 뭘들. 멋지게 보이고 싶다면 나처럼 화장을 해도 되지만, 의대나 법대를 가려고 열심히 공부해도 되는 거 아니겠어?

AlyxJW, 15세

우리에게는 정말로 가면이 필요해. 가면은 사회생활을 돕는 도구야. 하지만 아무 생각 없이 살다가 그 가면을 '자기 자신'이라고 착각하는 덫에 걸리면, 그 가면은 더 이상 도구가 아닌 족쇄가 돼. 그래, 그 뒤로 숨으려고 하지. 항상 일어나는 일이야. 사람들은 가면이 곧 자기라는 함정에 너무 쉽게 빠지곤 해. 그렇기 때문에 자기 가면 안쪽을 들여다보는 법을 배우는 게 정말로 중요해.

너의
내면은 풍성해.

가면은 세상에 보이기 위해서만 착용하는 게 아니야. 가면 바깥

쪽은 가면의 단면에 불과해. 가면에는 안쪽도 있으니까. 가면의

안쪽은 네가 보는 거야. 오직 너만이 볼 수 있어.

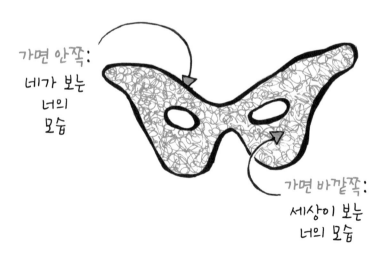

가면 안쪽:
네가 보는
너의
모습

가면 바깥쪽:
세상이 보는
너의 모습

세상은 가면의 바깥쪽만을 봐. 그래서 사람들은 자기 가면의 바깥쪽 면만 챙기려 들고, 이러한 잘못된 인식 때문에 모두가(모든 사람은 아니고 거의 모든 사람이) 힘들어해.

하지만 사실은 반대야.

네가 매일매일, 매 순간 마주하고 있는 건 가면의 안쪽 면이잖아. 그러니 가면의 안쪽 면을 가장 먼저 챙겨야 한다는 거지.

왜냐고? 가면의 안쪽은 굉장히 풍성하니까.

네 안에는 정말 많은 게 있어. 쓰고 쓰고 또 써도 바닥이 보이지 않을 만큼 많지. 다 네 거야. 그러니 가능한 한 활용하려고 노력해야 해. 감성, 상상력, 희망, 꿈 같은 것들이야. 물론 평범하고 일상적인 생각들도 빠뜨릴 수 없지. 이것들이 다 네가 누구인지에 관해 말해 줄 거야.

네 안의 것들을 꺼내고 싶니? 내가 아는 방법이 한 가지 있어. 엄청 쉬워. 일단 종이와 연필을 집어. 아니면 컴퓨터 앞에 앉아. 조용하게 스스로를 가라앉힌 다음, 빈 종이나 모니터 화면에 네 마음속 말들을 이것저것 털어놓는 거지. 수다 떠는 것처럼 그냥 막 써 봐. 생각이 가면 가는 대로 오면 오는 대로. 묻지도 따지지도 말고 빠르고 신나게. 무슨 말이 써질지는 그 말이 써질 때까지 몰라. 그게 재미 포인트!

나도 이렇게 혼자 수다를 떨어. 그 하나를 공개할게. 도움이 되었으면 해.

준비하시고, 쓰세요!

2008년 4월 6일

어. 난 14살. 윌리버그(미국 버지니아 주 윌리엄스버그—옮긴이)에 살아. 친구들을 완전 좋아해. 떠들 때는 목청도 좋고, 거의 고함 수준. 쩔어. 그런데 그게 좋아. 어록 수집도 취미. 문자질 완전 사랑. 휴대폰은 미니 키보드가 달린 엔비(enV)폰을 써. 운전면허 빨리 따고 싶어. 해변에 가서 수영? 대박! 텔레비전 얘기를 많이 해. 줄거리 얘기는 절대 한 번으로 그치지 않지. 내 방은 쓰레기장. 페이스북 좋아요. 마이스페이스보다 훨 좋음. '와이(y)'로 끝나는 단어엔 '와이'를 한 번 더 쓰고. myy, usallyy 이렇게. 뮤지컬 무대가 좋아. 영화보단 TV가 좋지, 암. 내 사랑 스타벅스. 라디오도 맨날 들엉. 라디오에 출연해 보고 싶엉. 내가 슈퍼스타라고 생각해. 사진 찍고 찍고 찍고. 나 타이핑 짱 빨라. MTV에 관해선 모르는 게 없지. 우리 개 이름은 아이올라(lola). 고슴도치도 키웠었당. 구린 농담이나 하는 구린 영화들 딱 싫어. 베프는 내 영원한 사랑. 어떨 땐 완전 용감한데 어떨 땐 대박 겁쟁이야. 새로운 사람 만나는 거 좋아. 좋아하는 남자 옆에선 수줍어. 그러기 싫은데, 근데 잘 안 돼. 비밀은 완전 잘 지켜. 하지만 입은 크지. 내 이름 완전 특이해. 사실은 나도 그래. 나 관심병 환자인가 봐. 불치병이야. 어쩔 수 없어. 좋은 걸 어떻게 해. 가게에서 사람들을 사귈 때가 짱이야. 정말 변화를 좋아해.

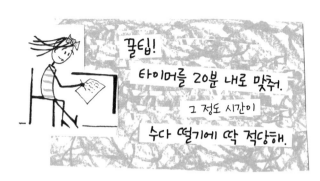

꿀팁!
타이머를 20분 내로 맞춰.
그 정도 시간이
수다 떨기에 딱 적당해.

난 이런 식으로 여러 장의 종이를 채워. 생각을 담는 거야. 글을 잘 쓸 필요는 없어. 봐, 내 글도 엉망이잖아? 그냥 네 전부를 건드려 보는 거야. 네가 쓴 글을 읽어 보면 아마 깜짝 놀랄걸.

"우아! 내 머릿속의 온갖 것들이 글자의 형태를 띠는 것 같아!"

생각을 글자로 써서 밖으로 끄집어내는 거지. 글자의 형태로 너의 내면을 들여다보는 거야. 생각만 해서는 생각을 알 수 없거든.

하지만 너는 흔쾌히, 그리고 반드시,

진실을 말해야 해.

물론 자신의 진실을 말하는 게 두려운 일일 수 있어. 설령 스스로에게 털어놓는 거라도 말이지. 아니, 어쩌면 그래서 더 어려운 거야. 내가 진짜로 무엇을 느끼는지, 진정한 가슴속 욕구가 무엇인지, 내가 좋아하지 않는 내 모습은 무엇인지, 정말로 헤쳐 나가려는 건 무엇인지 등을 구구절절 쓰고 있자면 당혹스러울지도 몰라.

하지만 네가 진실을 말하지 않는다면, 종이에 수다를 떠는 건 아무런 의미도 없는 낙서일 뿐이야. 진실을 말해야만 너의 풍성한 내면을 끄집어낼 수 있어.

네가 아닌 다른 사람이 되어 뭐하겠어? 그게 무슨 소용이야?

DeeFizzy, 15세

'난 누구지?'라는 질문을 숙고해 본 지금에야 분명히 알게 되었어. 이것은 대답을 구하는 질문이 아니야. 그것은 다른 질문을 촉발하는 질문이야. 스스로를 점검하며 너의 다양한 것들을 조명하게 돕는 용도지.

네가 보고, 느끼고, 생각하고, 행동하는 것들… 그리고 '너'인 것들, 이것들을 조명하는 거야. 무어라도 좋으니까 하나를 골라 빛을 비춰 봐. 그걸 자세히 살피고 생각해 보자. 그리고 질문을 던져.

난 누구지?
나는 계속
밝혀내고 있는 중이야.

나도 질문들을 떠올렸어. 그중 몇 개를 짧은 대답과 함께 소개할게.(물론 길게 대답해도 좋아. 시간만 허락한다면.)

요즘 어때?

모르겠어. 괜찮은 거 같아.

신비로운 너에 관해 좀 밝혀냈어?

지난주에 디스크골프(골프공 대신 프리스비 원반을 구멍에 넣는 경기—옮긴이)를 처음으로 해봤어. 소질이 있을 수도 있잖아!

최근 일어난 변화는?

알고 보니 우리 엄마도 꽤 유머 감각이 있는 분이더라고. 그 사실을 알았지. 웃겨 죽어! (ㅋㅋㅋ)

요즘 쓰고 있는 가면은 뭘로 만들었지?

글쎄, 내가 지금 책을 쓰고 있잖아. 그래서 작가의 재능을 새로 가면에 넣어 보려고 해.

내면은 어떤 상태야?

내 내면은 1점부터 10점 가운데… 음, 6.5점이야. 지금은 그래. (이런 상태로 과연 인생을 잘 살 수 있을지 신경 쓰이긴 해.)

외면은 어때?

치과 예약을 잡았거든. 마음의 준비를 해야지. 치실을 열심히 사용하고 있어.

무엇이든 더 신경 쓸 게 있다면?

일기 쓸 시간을 내야겠어. 속마음이 그걸 원하네….

이제는 너 차례야.

- 요즘 어때?
- 신비로운 너에 관해 좀 밝혀냈어?
- 최근 일어난 변화는?
- 요즘 쓰고 있는 가면은 뭘로 만들었지?
- 내면은 어떤 상태야?
- 외면은 어때?
- 무엇이든 더 신경 쓸 게 있다면?

진짜 진실을 말해 봐. 어서. 계속 수다를 떨면서 '난 누구지?'라는 질문이 널 어디로 데려가는지 잘 봐.

당신에게는 온갖 경험이 있을 거예요. 그걸 가진 사람은 당신뿐이에요. 그 온갖 경험이 진짜 가치 있는 것이라고 생각해요.

AdorianDeck, 18세

관점의 확대

자기 인생에서 나쁜 일이 얼마나 있었는지 헤아려 보세요. 좋은 일은 얼마나 많았는지도 헤아려 보고요. 큰일뿐만 아니라 사소한 일까지 전부 다요. 좋은 일이 나쁜 일보다 더 많지 않나요? 지금 고민되는 문제는 인생 전체로 보면 생각보다 대수롭지 않을 거라고 생각해요.

FloppyStarfish, 16세

관점이란 단지 우리가 대상을 보는 방식이야. 보는 것, 그게 관점이야. 쉽지?

그런데 사실은 진짜 쉽지 않은 것이기도 해. '무엇을 보는가'와 '어떻게 보는가'는 **완전히 다른 것**이고, 이러한 점을 고려할 때 '왜'라는 질문이 시작되는 거야.

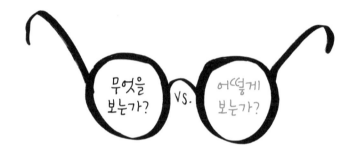

이 둘을 따로 떼어 생각하는 순간 내 머리에 번쩍 전구가 켜졌어. 관점은 수동적이 아니라 능동적 의미라는 걸 깨달았거든. 내 관점을 건강하고 튼튼하게, 그리고 계속 좋게 유지하려면 관점을 능동적으로 주무를 줄 알아야 한다는 거지. 이것을 잊지 않으려고 '피피피(P·P·P)'로 정리해 봤어.

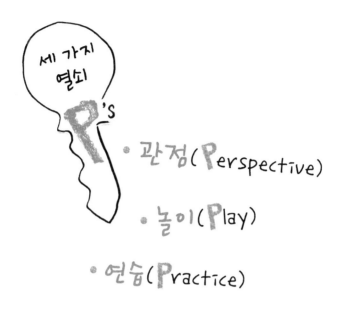

세 가지 열쇠 P's

- 관점(Perspective)
- 놀이(Play)
- 연습(Practice)

'P 삼총사'랄까? P·P·P, 즉 '관점'과 '놀이'와 '연습'이 결합하는 방식을 보여 주고 싶어. 하지만 일단 이 세 가지를 하나씩 따로 살펴봐야 해. 세 가지 모두가 그 자체로 대단하니까. P 삼총사가 결점에 대처하는 너를 도울 수 있어. 아니, 삶의 다른 모든 것들을 다루는 과정에서도 도움이 돼.

관점(Perspective)

관점(觀點) / 사물이나 현상을 관찰할 때, 그 사람이 보고 생각하는 태도나 방향 또는 처지.

'명언 좀 안다'는 사람은 헛기침 한 번 하고 이렇게 말하지.

"관점이 전부다."

하지만 남의 말을 전부 믿어서는 안 돼. 일단 의문을 품을 필요가 있어. 정말 관점이 전부일까? 느낌상 전부는 아니지만 그래도 상당히 많은 부분을 차지할 것 같긴 하지?

하지만 아니야. 내가 따져 본 바로는, 이 문제에 있어서는 그들의 말이 옳아. 관점이 전부야. 가장 큰 이유는 관점이 네 평생 삶의 질을 결정하기 때문이야. 이처럼 극단적인 개념이기 때문에, 잘 받아들이기까지는 약간의 시간이 필요해.

네 평생 삶의 질이 여기에 달렸어.

관점! 이것은 삶의 질 문제야.

네가 바라는 삶의 질은 어떤 거니?

아래 그림을 보고 생각해 봐.

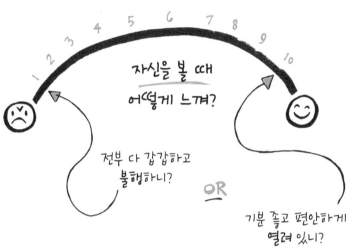

이 범위에서 넌 실제로 어디쯤 있을까? 그걸 알 방법이 하나 있어.

염려되는 네 모습들이 있을 거야. 그걸 들여다봐. 아마도 건강이나 금전 상태, 혹은 더 _____ 싶은 원대한 바람일지도 몰라. (빈칸을 채워 봐.)

염려되는 부분들을 바라보는 네 기분이 어떤지 살펴봐. 기분이 괜찮니? 아니면 짜증이 나니? 뭐, 복잡한 감정일 수도 있어. 어느 것이 됐든 간에 잘 살펴봐. 그 감정은 네가 스스로를 주로 어떻게 보는지에 대해 말해 주고 있어.

너를
어떻게 보고 있니?

관점의 문제에 있어서는 너 자신을 어떻게 보느냐가 가장 중요해. 이보다 더 중요한 건 없어. 정말이야. '네가 널 어떻게 보느냐'가 핵심이야. 왜냐하면…

너 자신을 보는
방식으로
세상 모든 것을
보는 법이니까.

이 개념을 잘 받아들이는 것도 역시 약간의 시간이 필요해. 자신을 어떻게 보는지가 세상을 어떻게 보는지와 같으니까. 네 인생의 시선이 주로 어땠는지 기억해 봐. 긍정적 시선이었니, 아니면 부정적 시선이었니?

나도 한번 떠올려 봤어. 스스로에 대해 안 좋은 감정을 느꼈던 그때를 떠올렸지. 그럼으로써 모든 걸 어떻게 먹칠했는지가 이제는 환히 보여.

전에 다니던 학교에서 따돌림을 견디다 못해 새로운 중학교로 전학을 결정한 다음이었어. 내가 WeStopHate를 시작한 사연 기억하지? 새로운 학교의 친구들은 나란 아이를 있는 그대로 받아들이고 좋아해 주었어. 하지만 따돌림을 당하던 지난날 나 자신에 대해 갖게 된 사고방식은 여전히 나한테 남아 있었어. 뚱뚱한 나에게 스스로 '비호감' 낙인을 찍은 상태 말이야.

그때 나는 주변 세상을 어떻게 보고 대했을까? 맞아. 난 세상도 마음에 들지 않았어. 사실은 좋은 것도 참 많았는데 말이지! 그때를 생생히 기억해. 난 풀이 죽고 주눅이 들어 있었어.

이게 참 웃긴 건데, 왜 욕하면서 배운다는 말이 있잖아. 나쁜 애들에게 괴롭힘을 당하다 정신을 차려 보니까 나도 조금씩 나쁜 애들처럼 생각하고 행동하고 있더라고. 나도 험담 비슷한 걸 시작했어(진짜 험담은 아냐!). 다른 친구들도 자신을 비호감으로 여기면 좋겠다고. 그러니까 걔네도 나처럼 생각하게 되기를 은연중 바란 거야.

'내 기분이 안 좋으니 네 기분도 안 좋아야 한다'는 게 나쁜 애들의 사고방식이야. 그들은 말도 안 되는 이런 생각을 너에게도 강요할 거야.

다행인 건, 나에게 힘이 되어 준 새 친구들이 가진 사고방식이 나에게도 차차 스며들기 시작했다는 거야. 시간이 흐르자 나도 그들의 영향을 받아서 스스로를 '비호감'이 아닌 '호감'으로 여기게 되었어. 그리고 나니까 주변 세상도 다르게 보이고, 친구들을 좋은 마음을 가지고 대하게 되더라고.

우리 모두가 자기를 사랑한다면 그것만으로도 세상은 완벽해질 거예요.

HannahTheDreamer100, 15세

이제는 네 차례야. 너는 너 자신을 어떻게 보고 있니?

··· 네 우정은?
··· 네 일상은?
··· 네 소유물은?
··· 네 주변은?
··· 뭐든 네 세상에 있는 다른 것들에 대한 너의 시선은?

이 질문에 곧장 답할 필요는 없어. 며칠 동안 직접 경험하며 그것에 대한 시선이 어떤지 틈틈이 생각해 봐. 그리고 네 자신에 대한 시선과 네 삶의 다양한 것들에 대한 시선 사이에 어떤 연관이 있는지도 살펴보고.

관점은 단순명료한 성격의 것이 아냐. 가변적 요소도 많아. 또 우리가 봐야 하는 모든 것을 지금 서 있는 장소에서 바라보는 일이 항상 가능하지도 않지. 이따금 믿을 만한 타인의 관점을 빌려서 지금 처해 있는 상황을 볼 필요가 있어.

너도 자신의 관점을 잃고 '멘붕'을 경험한 적이 있다면 외부의 시선을 빌려 봐. 너 스스로를 위해서.

혼란하고 불확실한
멘탈 붕괴의 상황

너무 가까이 들여다보면 다 잘못된 것 같은 때가 있죠.

STHsquared, 18세

나도 나무들 때문에 숲을 보지 못한 경험이 있어. 그때 도움을 얻은 이야기를 해볼게.

난 WeStopHate 활동이 정말 즐거워. 그러다 보니 자연스레 사교 활동에 소홀해지더라고. 대학교 2학년 때, 여학생 친목 클럽에 가입해서 이 문제를 해결하겠다고 마음먹었지. 다섯 개의 친목 모임을 골랐어. 하나는 정말 들어가고 싶은 곳이었고, 나머지 넷은… 말하자면 차선책이었어. 내일 당장이라도 새롭고 멋진 친구들과 하하호호 몰려다닐 꿈에 부풀었지. 난 1순위로 지목한 클럽에도 충분히 들어갈 수 있을 거라고 기대했어.

하지만 결과는 충격적이었어. 어느 클럽에서도 내게 연락을 해오지 않았어. 첫 면접에서 다 물먹은 거야. 그건 실수가 틀림없었어. 서류가 누락된 거지. 그렇지 않으면 이럴 리가 없잖아? 진짜 난감하고 당혹스런 상황이었어. 그래서 말솜씨가 뛰어난 내 절친을 시켜서 (나인 척하고) 전화를 걸어 그들이 실수를 알아차리도록 힌트를 주었지.

그런데 실수가 아니었어.

진짜 어처구니없지? 그러니까 내 말은, 난 그들의 조건에 100퍼센트 부합했어. 어쩌면 그들이 찾고 있다고 말하는 조건에. 하지만 그들이 '실제로' 원하는 조건에는 100퍼센트 부합하지 않는 걸로 확인되었어. 그건 '외모'였어. 가로줄 무늬 옷을 좋아하는 비만녀랑은 다른 외모.

와, 멘붕이 오더라고. 정신이 너덜너덜해졌어. 특히 자존심이 상했어. 나는 내가 좇는 것을 성취하는 일에 익숙한 사람인데, 문전박대를 당한 거잖아. 더군다나 여기저기 전화해서 운 것 빼고는 아무런 성과도 없다는 점에서 더 나빴어.

진(진 디머스―옮긴이)은 정말 편한 친구야. 내 치부를 보여도 거리끼지 않을 만한 사람은 우리 엄마를 제외하면 진밖에 없지. 그래서 전화를 걸었어. 폭풍 수다를 토해 냈지.

내가 듣기를 바란 말은 이런 거였어.

"어머나 세상에, 네 말이 맞아. 네 인생은 종 쳤어!"

하지만 진은 대신 이런 말을 했지.

"그래… 그래… 그리고 이렇게 슬픈 일도 결국 지나갈 거야."

그녀의 위로는 내게 새로운 관점을 제시해 주었어. 내 인생에는 이만큼 나쁜 다른 일도 많았지만(훨씬 더 나쁜 일도 있었지만) 결국 지나가지 않은 건 하나도 없었으니까.

결국 괜찮아질 거야. 나도 지금 그 시기를 겪는 중이니까 단정할 수는 없지만 뭐 중2병 같은 거 아닐까? 형들 말을 들어 보면 형들도 그랬대. "야, 별거 아냐."

MisterKenzie, 15세

그리고 정말로 그렇게 되었어. 비극은 끝났어. 그로부터 채 한 달도 못 가서 우리 학교의 사회정의동아리(Social Justice House)로부터 이메일을 받았어. 사회 문제와 적극적인 참여, 긍정적 변화에 관심 있는 학생들을 위한 모임이지. 나는 입회 신청을 했고, 가입 승인을 받았어.

> 인생에는 두 번째 기회가 얼마든지 있어. 두 번째 기회를 가져. 적어도 한 번은 가져야 하지 않겠어?
>
> DiamondInTheRufff, 16세

네가 세상을 보는 방식이 전부라면(사실 전부가 맞아.), 그리고 네가 너를 어떻게 보느냐가 곧 모든 것을 어떻게 보느냐와 같다면(이것도 맞아.), 그렇다면 너의 보는 방식을 다시 다듬을 필요가 있지 않을까?

그런데 우리가 어떤 일을 잘하게 되려면 어떻게 해야지?

그래, 연습이야.

부단한 연습,

연습, 연습, 연습···

연습 (Practice)

명언 좀 안다는 사람들은 이런 말도 해. ←

"연습이 완벽함을 만든다(Practice makes perfect)."

하지만 난 이 말이 핵심을 약간 빗나갔다고 생각해. 방점이 덜 중요한 데 찍혔거든. 핵심은 따로 있어. 연습의 목적은 완벽이 아니야. 무언가를 가능하게 하는 거야.

연습으로 탈바꿈이 가능해. 이것이 연습의 미학이지. 충분한 연습은 습관으로 굳어져. 연습이 습관을 창조하는 거야. 그것이 좋은 습관이든 나쁜 습관이든 말이야. 좋은 습관은 삶을 용이하게 하고, 그 습관을 붙이기 위해서 들인 시간과 노력을 아깝지 않게 해 줘.

완벽은
결점의 반대야.
그리고 완벽은
내 관심사가 아니야.

일상생활에서의 흔한 습관 하나를 예로 들어 볼게. 이 닦기, 그리고 좀 더 어려운 치실질. 어려서는 칫솔질(치실질)을 빼먹곤 했지만 이제는 습관이 되었어(그러길 빌어!). 매일매일의 연습이 나를 바꾼 거야. 하기 싫던 일인데 이젠 쉽게 하게 되었잖아.

아, 그래. 우리는 쉽게 할 수 있는 일을 정말 좋아해.

하지만 쉽게 할 수 있는 일을 좋아하기 때문에 새로운 연습을 게을리 하기도 해. 무언가 새로운 연습을 처음 하는 단계에서는 절대로 쉽다고 느껴지지 않아. 그래서 그냥 원래대로 놔두는 거야. 그냥 두는 건 아주 쉽게 할 수 있으니까.

지금 우리는 관점과 관련해 연습에 관한 이야기를 하고 있어. 그러니까 무언가 관점과 관련해 그냥 내버려 두기 쉬운 것을 살펴보자. 아마도 그런 일을 모두가 아주 많이 하고 있을 거야. 스스로 인정하는 선을 훌쩍 뛰어넘을걸.

내버려 둔다는 건 어떤 대상을 단지 하나의 방식으로 보는 거야.

단지 하나의 방식으로 보는 건 쉬워. 왜냐하면 그건 십중팔구 저절로 일어나는 일이거든. 우리는 길들여진 방식대로 대상을 봐. 무언가에 대한 첫인상을 조건 반사나 다름없는 방식으로 형성해.

반대로 다양한 시각을 가진 사람이 되려면 어떻게 해야 할까? 노력이 필요해. 여기에 필요한 노력은, 그럼으로써 네가 덜 지루한 사람이 된다는 이유만으로도 충분히 가치가 있어.

같은 대상을 하나 이상의 방식으로 본다는 건 이런 거야.

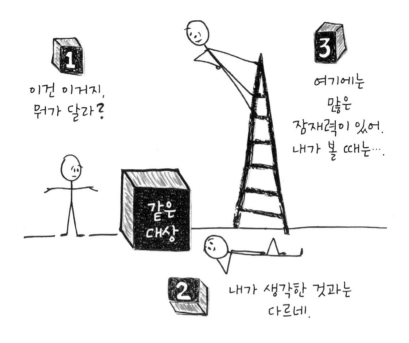

이렇게 막대기 사람들이 나오는 만화로 그리면 이상하게도 정말 간단해 보인단 말이지. 하지만 실제로 한번 해봐.

어떤 대상이든 좋아. 뭐라도 골라 봐. 그리고 네가 그것을 생각하는 방식을 파악해 봐.

그다음에는 같은 대상을 보는 다른 두 가지 방식을 떠올리는 거야. 네가 고른 대상에 따라서 그건 정말 쉬울 수도 있어. 하지만 내가 감히 단언하건대, 우리 인생에는 다양한 관점에서 보는 게 불가능한 일들도 있어.

내가 경험한 얘기를 들려줄게. 실제로 아주 최근의 일이야. 바로 지난주였어. 다른 시선으로 보는 게 불가능한 경험이었어. 새 남친이 가난한 사람들에 대한 자신의 견해*를 밝혔고, 난 그 말을 듣고 있었지. 난 정말로 그와 잘 지낼 수 있기를 바랐어. 정말 귀엽고 진짜 섹시하거든. 하지만 그의 세계관이 내 고막을 건드리는 순간, 난 입을 손으로 막고, 머리 뚜껑이 열리지 않게 하기 위해서 안간힘을 써야만 했어. 그의 관점에서 봐 보려고도 부단히 노력했지만, 도저히 그럴 정신적 여력이 생기지 않더라고.

정작 중요한 얘기는 따로 있어. 그로부터 며칠 후에 내 친구의 언니가 노숙자들에 대한 생각을 말하더라고. "노숙자들은 정신상태가 글러 먹었다."고 했어. 예전 같으면 막 화가 났을 것 같은데, 그때는 이런 생각이 들었어. 이 사람이 보고 들은 내용은 나와는 크게 다른 게 틀림없다고. 나는 이제 그런 일도 일정 부분 가능하다고 생각하게 되었어. 남친 사건의 영향이야. 나의 상식이 아닌, 다른 시선으로도 봐 보려고 했던 (노력했지만 실패한) 시도 때문이었지.

---

* 제 견해와는 차이가 있음을 알립니다.

내가 겪은 일과 같은 힘든 상황은 사실 네 관점을 크게 넓힐 좋은 기회이기도 해. 너의 일반적인 시선에서 벗어나 다양하고 다르게 보는 거야. 너도 적극적으로 노력해야 해. 성공 여부는 따지지 마. 그냥 시도하면 돼. 단, 열심히 말이야.

실제로 성공보다 시도 자체가 더 중요해. 왜냐하면 이건 '잘하게 될, 정말로 가치가 있는 일'이기 때문이지. '1만 시간의 법칙'이란 말 들어 봤지? 무언가를 잘하게 되려면 1만 시간의 연습이 필요하단 얘기야.

난 이 문제만큼은 1만 시간의 법칙에서 예외면 좋겠어. 하지만 시간을 쏟고 또 쏟지 않아 본 많은 이들의 경험에 근거해 볼 때, 여기서도 1만 시간의 법칙은 예외 없이 적용되는 것 같아.

그렇지만 시간을 좀 줄일 수는 있다고 생각해. 힘든 훈련은 그 이상의 가치가 있어. 네 상식에서 완전히 벗어난 시각을 가져 보려 노력하는 것, 그게 바로 힘든 훈련이야.

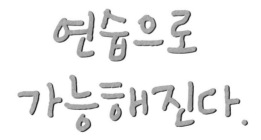

연습으로 가능해진다.

포기하고 싶을 때도 있을 거야. 부정적인 생각들이 막 떠오르지. '진짜 너무 힘들다.' '1만 시간을 어떻게 내.' '난 절대로 끝을 못 봐.' 이런 생각이 들 때는 미술에 관해 생각해 봐.

그래, 미술 말이야.

어떤 대상을 보고 화폭에 삼차원으로 그리려면 무엇이 필요할까? 그래, 원근법이야. 원근법이 곧 관점이야(perspective는 원근법과 관점을 의미함—옮긴이). 우리는 삼차원 그림에 아주 익숙해. 길거리를 가다가 마치 도로가 함몰돼서 지하의 식당이 훤히 들여다보이는 것처럼 그린 입체 그림을 본 적 있지? 사람들은 이것이 그림인 줄 알면서도 은연중에 실제라고 착각해서 움찔하잖아.

하지만 약 700년 전만 하더라도 미술에서 원근법은 존재하지 않았어. 모든 그림을 다 평평하게 그렸지. 화가들이 원근법을 완성(마스터)하기까지는 아주 오랜 시간이 소요되었어. 그래서 그들을 거장(마스터)이라고 하는 거야. 이제 화가들은 원근법을 어떻게 그림으로 표현하는지 알지만, 그렇더라도 이것을 제대로 구현하려면 부단한 연습이 필요해. 서툴게 그리는 것조차 쉽지 않아.

여기서 놀이의 정신이 섞여 들어오지.

입체 그림을 그리는 화가들의 실력은 정말 놀라워.

놀이(Play)

노력하는 사람은 즐기는 사람을 못 당한다고 했어. 무슨 일이라도 놀이처럼 하면 더 좋아지고, 어떤 것도 즐거운 눈으로 보면 더 나아 보여. 연습도 마찬가지야. 놀이처럼 연습해야 더 발전할 수 있어. 이것이 놀이의 본성이야. 놀이는 재미있어. 재미있는 것은 재미없는 것보다 나아.

그렇다면 여기서 던질 질문은 '어떻게 하면 잘 노느냐'야. 좋은 소식을 알려 줄게. 앞에서 우리는 1만 시간 얘기를 했어. 하지만 이번 접근법은 그것과 정반대야. 우리는 모두 놀이에 대한 능력과 감각을 갖고 태어났어. 잘 노는 법을 익히려고 터무니없이 많은 시간을 투자할 필요가 없다는 거지. 그저 네 안에 이미 있는 놀이의 본성과 이어지기만 (혹은 다시 잇기만) 하면 돼.

자기 안의 놀이 본성과 잘 연결되어 있는지 확인하자. (자, 눈을 감고) 다음 질문을 통해서 네 삶을 생각해 봐.

🌸 아이였을 때 얼마나 잘 놀았지?
🌸 지금은 얼마나 잘 놀아?
🌸 놀이의 감각을 잃었을 때 바로 알아차려? 다시 잘 이어지니?

나도 이 질문에 답해 보았어. 초등학교 시절이 떠올랐어. 나는 우리 반에서 제일 어렸어(생일이 12월이야. 훗훗!). 그래서 반 친구들은 내가 좋아하는 것들에 대해 유치하다며 비웃곤 했지. 하지만 나는 내가 미치게 좋아하는 걸 마치 좋아하지 않는 양 시치미 떼는 성격도 못 되거든. 브리트니 스피어스가 생각나네. 유행이 지난 그녀를 나랑 다른 친구 몇 명만 좋아하며 열심히 흉내 냈어. 왕따의 지름길이었지. 하지만 나는 다른 왕따 아이들과 함께 나름 재미있었어.

우리가 멋지다고 하는 사람들이 그냥 남들처럼 사나요? 그걸 보고 멋지다고 하나요? 남들이 봐서 좋아할 것 같은 일만 하나요? 그 반대죠. 자기가 하고 싶은 일을 하는 사람이 정말 멋져 보여요. 제 생각은 그래요.

FloppyStarfish, 16세

4학년 때의 나는 정말이지 재미있게 일하는 데 재능이 많았던 것 같아. 이런 거야. 방 청소를 하면서 내가 마치 텔레비전 쇼의 진행자인 양 '청소 쇼'를 진행하고, 스스로 게스트 역할도 하면서 내가 나를 인터뷰하고, 시청자들에게 청소 방법을 설명해.

이제는 더 이상 인터뷰 놀이 같은 건 하지 않아. 대신 청소를 하며 컨트리 노래를 크게 불러 대지. 이것도 꽤 재미있어. 청소를 여전히 놀이처럼 하고 있다는 점에서는 같아.

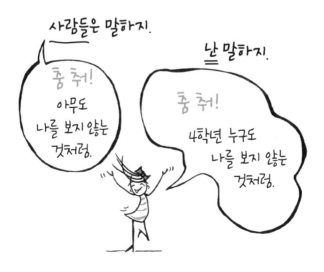

남의 시선을 신경 쓰지 않고 놀 수 있다면(다른 때는 평소대로 하고) 그건 좋은 신호야. 네 스스로를 아주 좋은(놀기 좋아하는) 모습으로 보고 있다는 신호지.

누구의 시선도 신경 쓰지 않는다면 진짜 네 인생을 살 수 있어. 그거 알아? 넌 끝내줘.

TimsVlogs, 19세

세 가지 P 전부를 좋은 모양으로 지키려면 그 각각을 연습으로 생각해야 해. P·P·P 하나하나가 다름 아닌 연습이라는 거야.

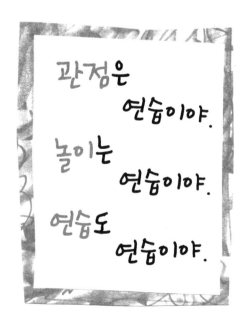

이제부터 우리는 P·P·P를 하나로 엮는 방법에 관해 알아볼 거야. 그럼으로써 너의 시선과 시야를 적극적으로 달리할 수 있어. 이것들을 하나의 연습으로 묶는다니 아주 까다로운 일처럼 보일 수 있겠지만 그렇지 않아. 너도 할 수 있는 일이야. 비결? 계속해서 재미를 찾는 거지.

그래, 놀이 말이야.

모든 것이
놀이다

오늘이 어제 같고, 어제는 또 그제 같은 하루가 있잖아요. (하루 종일 앉아 있는 그런 날 말이죠.) 그러면 일부러 폴짝 뛰어 봐요. 춤도 춰 보고, 몸도 흔들고, 일부러 더 신나게 행동한답니다.

이든 셔(Eden Sher)(@EdenSher), 22세,
ABC 방송의 〈The Middle〉 출연 배우

지금 당장 결정해.

놀이를
즐길 것인가?

…아니면 그럴 마음이 없는가?

'그렇다'를 골랐다면 이번 장에서 관점과 노는 여섯 가지 방법을 배워 보자.

'아니다'를 골랐다면 이번 장은 건너뛰고 아무 데나 다른 부분을 펼쳐서 읽어 봐.

책장을 넘긴 걸 보니 '그렇다'를 골랐구나! 좋은 선택이야. 이제부터 '꿀팁'을 알려 줄게.

꿀팁 / 간단하지만 기발한 방법으로 일상의 문제를 해결하는 솜씨나 기술, 착상, 아이디어.

무언가가 널 성가시게 하고 짜증 나고 열 받게 하니? 일상의 모든 크고 작은 문제들을 해결할 꿀팁이 필요해? 그렇다면 모든 걸 놀이와 연결해. 물론 그러려면 기술이 필요하지.

모든 걸 놀이와 연결하는 일에 통달하고 싶다면, 무엇보다 먼저 해야 할 게 있어. 놀 구석이 조금이라도 있으면 그 기회를 놓치지 않고 노는 거야. 놀이의 실마리가 보일 때마다 가능한 한 자주.

아이들, 동물, 친구들과 놀아. 예를 들어, 네가 할 일들을 정리하는 과정에서 색색의 포스트잇을 가지고 놀아 보는 거야. 커피를 내리면서는 다이애나 로스 버전의 〈못 오를 산은 없어(Ain't No Mountain High Enough)〉 같은 노래(마빈 게이와 타미 테렐의 1967년 원곡을 다이애나 로스가 1970년 다시 불렀다—옮긴이)를 립싱크로 따라 부르면서 요란한 춤을 추는 거지.

노는 게 일인 것처럼 놀아 봐. 네가 사장인 것처럼. 이게 방법이야. 그러면 놀이가 필요한 상황이 왔을 때 무어라도 놀이로 만들수 있어. 필요에 따라서 말이야. 네가 한눈에 반한 이성에 대한 감정이 전과 같지 않을 때 이런 '놀이 정신'이 필요할 거야. 네가 텔레비전 앞에서 VOD를 보려는데 엄마가 이야기를 멈추지 않을 때도 마찬가지. 이런 상황조차 놀이로 만들 수 있겠어?

이 기술에 통달하기 위한 방법:

네 속을 긁거나 머리 뚜껑이 열리게 하는 걸 즐기라는 얘기가 아냐. 놀이 정신을 가지라는 거야. 잘 놀려면 기본적으로 불손하고 불경해야 해. 놀이에는 이런 자질이 요구돼. 아니, 필수야. 어떤 것이 일반적으로 다뤄지는 방식을 '디스' 하기에 충분한 정신 상태여야 한다는 거지. 그리고 나서 자유로운 마음으로 그 대상을 네 맘대로 주물러 봐.

이걸 즐기라는 거야!

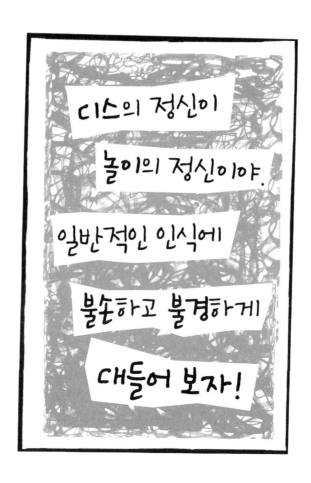

솔직히 말하면 나는 반골 기질이 있어서 이러한 '디스'에 더 열광하는 것 같긴 해. 하지만 내가 생각할 때 관점과 놀이 연습을 하는 가장 좋은 방법은 현상 유지 파괴야. 강력한 공업용 세제로 현재의 상황을 박박 닦아 내는 모습을 상상해 봐. 우리 사회의 가장 찌든 때도 완벽하게 제거할 수 있을 것 같지 않아?

가정법을 활용한다.

'만약'이라는 한 단어, 이것이 관점을 바꾸는 데 가장 큰 도움을 주는 도구야. 사용하기도 쉬워.

네가 무엇을 생각하든지, 그것 앞에 '만약'이란 말만 붙여서 '만약 ~이면 어떨까?'라는 질문으로 만들어 봐. 마치 아이들의 놀이처럼 새로운 가능성에 대한 제안을 할 수 있어. '만약'이라는 건 가정이지. 사실이 아니거나 분명하지 않은 어떤 것을 임시로 인정할 때 쓰는 거야. 실제로는 일어나지 않는 일이란 말이야. 실제로 일어나지 않는 일은 위협이 안 돼. 위협이 안 되는 생각은 즐길 수 있는 생각이야.

한번 해봐. "만약 ~이면 어떨까?" 이렇게 묻고 나서 무슨 일이 일어나는지 봐.

만약...

세상에 미움이 존재하지 않는다면?

만약...

식품 제조 기업들이 우리가 먹는 식품에 이상한 이름의 유해한 중독성 화학 물질을 넣지 않는다면?

만약...

우리가 들은 말이 모두 틀렸다면?

만약...

지구촌 문제들에 대한 내 견해를 더 자신 있게 밝힌다면?

이제 네 차례야.

만약 _____?

질문: '만약'을 이용한 질문이 너에게 가능성의 문을 열어 주었니?

반대론자의
입을 막는다.

솔직히 말할게. '만약'이라는 가정을 했을 때 머리에 가장 먼저 떠오르는 생각은 부정적인 것일 때가 많아. 그 내용이 현실적이지 않은 것처럼 보여서야. 비합리적인 것 같고, 걱정이 되고, 회의가 들고…. 이렇게 습관적인 반대론이 머리에서 막 튀어나와.

바로 이때, 이 모습을 묵묵히 보고 있던 네가 나서야 해. 그리고 머릿속에 사는 반대론자의 입을 (공손하게) 막는 거야.

"왜 안 돼?"
"누가 그래?"
왜 수백조 원의 돈을 인도주의적 활동이 아닌 전쟁에 쓰지? 좋은 일에 쓰면 왜 안 돼?
참전 용사들에게 합당한 대우를 해 줄 수 없다고 누가 그래?

만약 너도 나와 같다면 네 머릿속 반대론자는 지금까지 꽤 일을 잘해 왔을 거야. 너는 '만약에' '왜 안 돼?' '누가 그래?' 같은 말로 한동안 반대론자의 입을 막고 있어야 해.

그렇게 해야 하는 이유는…

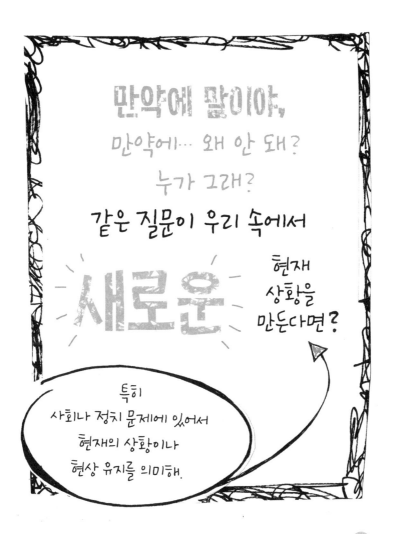

만약에 말이야,
만약에… 왜 안 돼?
누가 그래?
같은 질문이 우리 속에서
새로운
현재 상황을 만든다면?

특히 사회나 정치 문제에 있어서 현재의 상황이나 현상 유지를 의미해.

충격 요법을 사용한다.

　놀이를 모든 것과 연결하는 세 번째 방법이야. 이번에는 내 친구 에이드리언 덱(Adrian Deck)이 올린 WeStopHate 동영상에서 영감을 얻었어.

　아버지가 돌아가신 지 여섯 달이 채 안 되었어요. 몹시 슬픈 일이죠. 더군다나 아버지가 돌아가신 건 고교 졸업 파티 한 달 전, 졸업 두 달 전이었어요. 아버지는 둘 다 못 보셨답니다. 하지만 덕분에 저는 그동안 몰랐던 소중한 것들의 가치를 깨닫고, 훨씬 강한 사람으로 거듭났어요. 가족의 소중함을 깨닫고, 지금 제가 가진 그냥 평범한 것들이 있어서 얼마나 다행인지 알게 된 거죠.

　"내가 가진 그냥 평범한 것들이 있어서 다행"이래. 우리는 왜 이런 행운을 당연하게 여길까? 그리고 지금 바로 내 앞에 있는 것들의 진가를 왜 깨닫지 못할까? 또 우리 안에 있는 것들은 무얼까?

"바로 내 앞에
있는 것들의 진가를
깨닫는" 범위

내가
당연한 듯 가진 것이
말도 못하게
좋은 것이지만
말도 안 되게
간과하고 있다면 1이고,
반대의 경우는 10이야.

NONe
ALL

1부터 10 중에
어디쯤에 있을까?

매일매일 네가 가진 행운들을 넌 어떻게 여기고 싶니? 선택권은 너에게 있어.

나? 난 매일매일 내가 갖는 행운의 진가를 바로 알고 싶어. 그것을 더 잘하기 위해서 쓰는 방법이 바로…

충격 요법

1단계: 내가 가진 것을 알기

내 삶에서 그냥 너무 당연하게 여겼던 것들이 무엇인지 따져 보고, 그것들의 목록을 작성한다. 항목이 적을수록 긍정적.

그래서 집에 와서 내 몸의 활동에 관해, 내 소중한 몸에 대해 생각할 수 있는 모든 걸 적어 봤어요. 시시콜콜한 것까지 다요. 한 줄씩 60쪽이 나오더군요. 숨을 쉬고, 눈을 깜빡이고, 심장 박동, 노폐물 처리… 정말 온갖 일을 다 한다는 사실을 새삼 깨달았어요.

레이건 채스테인(Ragen Chastain)(@DanceWithFat)

2단계: 그것을 모두 없애기

그것들이 사라졌다고, 빼앗겼다고, 잃었다고 상상한다. 영원히 잃는다고 했을 때의 비탄과 상실감, 공포를 느낀다.

> 내 다리를 잘라 내는 상상을 했죠.
>
> SassiBoB, 25세

3단계: 다시 찾아오기

잃었던 것들을 다시 찾아 준다. 단, 한 번에 하나씩만 되돌린다. 그 과정을 천천히 진행하면서 잃었던 것들을 진심으로 돌려받고, 그 하나하나의 특별함을 깨닫는다.

> 삶의 소소한 것들을 말씀드리는 거예요. 햇살 좋은 날, 예쁜 구름, 땅바닥의 작은 벌레, 뭐든지 좋아요.
>
> ClaireLawlorrr, 17세

질문: 충격 요법이 '바로 내 앞에 있는 것들의 진가를 깨닫는' 범위의 수치를 올렸니?

과거를 돌아본다.

꼬맹이 시절 기억나나요? 그때는 지하실 방에서 아이스크림을 통째 먹으며 자고 올 궁리만 했잖아요. …스카이씽씽을 타고 동네를 돌아다니면 그보다 신나는 일이 없었죠. …매일 오후 3시 30분이면 세상이 두 쪽 나도 텔레비전을 틀고 〈내 친구 아서〉를 봤고요. …채소는 끔찍이 싫어했고… 남자아이들은 여자아이를, 여자아이들은 남자아이를 외계인 보듯 했고… 아무 때나 웃옷을 벗어던져도 놀라는 사람도 없었고… 거리낌도 없고… 그러다가 초등학교 6학년쯤 되면 여자아이들은 가슴이 나오고 불안해하고, 남자아이들은 목소리가 굵어지며 자존심을 세우려고 하죠. 많은 게 바뀌기 시작합니다. 무엇을 입을지 걱정하고 어떻게 말할까 고민하죠. 다른 사람들이 나에 대해 어떻게 생각하느냐가 무지 중요해집니다. 마음만이라도 꼬맹이 시절로 돌아가면 어떨까요. 〈내 친구 아서〉를 보던 그때로요. 정말 도움이 될 거라고 봐요.

WhatThePoo, 17세

관점과 놀아 볼 다음 방법은 바로 시간 여행이야!

어린 시절을 돌아보는 것도 관점을 새롭게 하는 좋은 방법이야. 어린 시절에는 빈둥거릴 줄도 알고, 또 남들이 너를 어떻게 보든 신경 안 썼지만 이제는 그렇지 않지? 다시 그러고 싶다면 어린 시절을 떠올려 봐.

질문: "어려서는 이랬는데…" 하고 아쉬워하는 게 있니?

미래를 내다본다.

'죽음을 앞둔 사람들이 하는 다섯 가지 가장 큰 후회(The Top 5 Regrets of the Dying)'라는 제목의 글이 한동안 인터넷에서 인기를 끌었어. 우리의 다섯 번째 관점 놀이는 여기서 영감을 받았어. 이 글은 한 간호사가 쓴 거야. 죽어 가는 이들을 옆에서 지켜보며 그들이 마지막 나날 동안 남긴 말들을 기록한 거지. 나도 이 글을 보고서 내가 하고 싶지 않은 후회가 있다면 어떤 것일까 생각했어. 죽음을 목전에 두기 전에, 더 전에, 한참 전에 이러한 고민을 미리 해 둔다면 삶을 후회로 마감하지 않기 위해 필요한 일을 할 시간을 벌 수 있어.

가장 많이 하는 후회;
"다른 사람이 나에게 바라는 삶이 아니라,
내 자신에 진실한 삶을 살
용기가 있었더라면…"

2009년 8월에 백혈병 진단을 받았어. 삶을 진지하게 돌아보는 계기가 되었지. 당장 내일이라도 죽을 수 있다는 생각이 들더라고. 후회하며 죽고 싶진 않잖아. 자기 자신이 얼마나 놀라운 사람인지 내 또래의 친구들도 알게 해 주고 싶어. 단 한 명이라도 그러도록 돕고 싶어.

AlyxJW, 15세

질문: 만약 오늘이 네 삶의 마지막 날이라면 지금처럼 살아온 너에게 있어 가장 큰 후회가 뭐겠니?

죽음이 닥쳤을 때 어떤 기억이 주마등처럼 눈앞을 스치길 바라나요? 외롭거나 뚱뚱한 자신, 못생긴 자신을 한탄하며 방구석에서 엉엉 우는 기억인가요? 나도 싫고, 학교도 싫고, 집도 싫고, 다 싫은 기억인가요? 아니면 당신이 웃음 짓게 한 모든 이들의 얼굴? 당신이 나눈 웃음, 당신의 성취? 희로애락이 있는 훌륭한 삶? 끝까지 열심히 살아낸 인생? 선택하기에 달렸고, 선택은 지금 해야 합니다. 인생은 짧으니까요.

GummybearsRaining, 16세

현재에 머무른다.

우리는 시간을 달리면서 다양한 관점을 배우고 시야를 넓힐 수 있어. 하지만 현재야말로 과거와 미래를 전부 담는 그릇이 아니 겠니? 현재에 오롯이 머무는 건 생각만큼 쉬운 일이 아니야.

현재라는 순간은 잘 잡히지 않아. 현재에 들어가 잠시 머문다는 건 어렵지. 초조해할 필요는 없어. 놀이를 모든 것에 연결할 수 있잖아. 놀이는 내가 현재와 이어지게 돕기도 해. 찰나의 순간에 찰나 이상 머무는 것도 가능해.

나는 귀를 써서 그 일을 해. 소리를 듣는 거야. 소리는 오직 지 금만 존재하는 거니까. 소리에 귀를 기울임으로써 소리와 함께 현재의 순간에 집중할 수 있어.

가만히 듣기만 한다는 건 지루한 일이야. (몸이 비비 꼬일 거야. 나도 그래.) 재미를 가미할 필요가 있겠지? 나도 내 나름의 놀이 를 개발했어. 세 개의 '구역'을 정해서 소리가 어느 구역에서 나는 지를 맞히는 거야. 세 구역은 다음과 같아.

- 내 몸속
- 내가 있는 공간 안
- 내가 있는 공간 밖

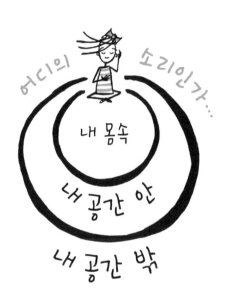

나는 소리를 들으면서 이 구역일까, 저 구역일까 추측해. 몸 전체가 아니라 오직 귀만 사용해. 소리를 듣는 동안 나는 꼼짝 않고 가만히 잘 있는 편이야.

"아, 배에서 꼬르륵 소리가 나네… 자세를 바꾸면서 침대 시트가 다리에 닿았어… 멀리서 자동차 소리가 들리고… 저건 냉장고 소리… 내 코안의 숨소리…."

이따금 귀가 윙윙거리는 거 말고 아무 소리도 안 들릴 때도 있어. 하지만 다시 어떤 소리가 들리든 나는 준비가 되어 있지. 너도 해봐. 재미있어. 눈은 떠도 되고 감아도 돼. 네 마음이야.

마음을 진정하고 긴장을 풀고 세상을 똑바로 보는 데 도움이 됩니다.

앨리슨 스토너(Alyson Stoner)(@AlysonOnTour), 20세,

영화 〈열두 명의 웬수들〉 출연 배우

질문: 세 구역의 소리와 놀 수 있어? 다른 일을 하면서도?

・　・　・

　지금까지 여섯 가지 관점 놀이를 살펴봤어. 이것은 단지 놀이를 모든 것과 연결하는 시작일 뿐이야. 그냥 예에 불과해. 네 나름의 놀이를 얼마든지 고안할 수 있어.

　기억해. 놀이는 네 안의 것들과, 그리고 네 바깥세상과 관계를 맺는 방법이야. 네 인생에 얼마나 많은 놀이를 집어넣을 수 있느냐는 전적으로 네게 달렸어. 네가 결정자야.

4

생각하고, 생각한다, 다시

오로지 나 자신만이 나라는 사람을 규정할 수 있어요. 다른 누구도 아니죠.

ProjectCaritas, 17세

'우리에 대한 정의를 재정의한다.'

이것이 원래 이번 장의 제목이었어. 그런데 '정의'란 말에 대한 고민이 시작되었지.

우리를 정의하는 걸 다시 정의한다라…,
무엇이 우리를 정의하지? 정의된다는 건 또 뭐야?
'정의하다'의 정의는 뭐야? 이거, 곧 때리네…
어디, 사전을 찾아볼까?

정의(定義) / 어떤 말이나 사물의 뜻을
명백히 밝혀 규정함. 또는 그 뜻.

그래서… 누가 그걸 해? 누가 우리의 의미를 밝혀 규정하지? 이런 말을 해서 좀 유감이긴 한데…

그건 바로
미디어야.

우리는 아주 어릴 적부터 방송과 잡지에 나오는 연예인과 자신을 비교
하면서 자라요. 스스로를 초라하게 느끼는 것도 당연하죠. 그래서 여자
아이, 남자아이 할 것 없이 다들 자존감이 부족해요. 사실 연예인과 비
교한다는 것부터가 말이 안 되죠.

CreeCaptures, 15세

미디어의 사회적 측면에 관해 말하자면, 음, 내가 페이스북 중
독 수준인 거 보면 알겠지만 나는 미디어를 사랑해. 달리 방도가
없어. 햄버거, 피자 같은 정크푸드가 사람들을 사로잡는 것과 똑
같은 방식으로 미디어도 우리를 사로잡거든. 나도 정크푸드 없인
못 산다고.

정크푸드

소금과 설탕, 지방의 완벽한 조합이 두뇌를 흥분시켜

자꾸만 자꾸만 사 먹게 만든다.

미디어

영상과 음향, 연예인의 완벽한 조합으로 그들이 광고하는

것을 원하게끔 너를 흥분시킨다.

잡지 모델들은 비현실적으로 느껴질 만큼 완벽해 보이잖아요. "저거 포
샵한 거야."라고 다들 말은 하지만 그래도 그렇게 되고 싶은걸요.

JasonLeeSegal, 16세

아마 너도 나처럼 생각할 거야. '미디어는 대중을 포로로 만들
뿐 나는 거기서 자유롭다'고. 이걸 '제3자 효과'라고 해. 미디어가
모두에게 영향을 미치지만 자신 또는 자기 자녀만은 예외라고 생
각하는 현상이야.

"뉴스 속보입니다. 우리 모두 미디어의 영향권에 있습니다."

미디어는 우리 머릿속에 야금야금 침투해서 '넌 이렇게 저렇게 부족한 사람'이라는 믿음을 (반복해서) 심어 줘. 그리고 돈만 충분히 쓴다면 그 부족함을 채울 수 있다는 믿음도 갖게 하지.

이처럼 우리는 항상 '부족한 사람'으로 정의되고 있는 거야. 이것이야말로 재정의해야 하는 것 아닐까? 하지만 어떻게? 편재(遍在; 동시에 도처에 존재)하고 잠재(潛在; 의식의 문턱 아래에서 작용)하는 것의 정의를 다시 하라니, 그걸 어떻게 시작하지? 아니, 재정의할 대상이 무엇이든 어떻게 다시 정의하지?

그러려면 먼저 이것부터 해야 해.

다시 생각하기

다시 고려하기

다시 상상하기

이뿐만이 아니야. 다음의 '생각 그물(마인드맵)'을 참고해서 많은 단어 앞에 '다시(RE)'나 '재(在)'를 붙여 봐.

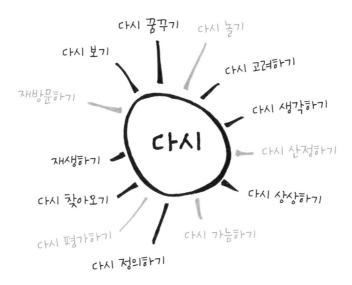

생각 그물은 네 정신을 연관이 전혀 없어 보이는 것들과 연결 짓는 훌륭한 도구야. 앞의 생각 그물은 내가 어떤 유튜브 동영상을 기억으로 재생하며 '다시'와 '재'가 앞에 붙은 말들로 채워 본 거야. (그래, 재생! 이것도 추가하자.)

동영상은 '콜럼버싱(Columbus-ing)'에 관한 것이었어. 콜럼버싱은 이미 발견된 것을 콜럼버스 같은 백인들이 나중에 자신이 최초로 발견했다고 주장하는 상황을 일컫는 용어야. 내가 감탄을 한 부분은, 백인들이 대단한 수정주의자(역사를 입맛에 맞게 바꾼다는 뜻─옮긴이)라는 게 아니라 (안타깝게도 사실이긴 해.) 기존의 명사에 진행형 어미 '-ing'를 붙여서 새로운 동사를 만든 기발함이었어. 누구나 자신만의 동사를 창조하고 정의 내릴 수 있는 거야. 짜잔! 이렇게 새 용어를 만드는 거지. 그 말이 설득력이 있다면 사람들 입에 붙어서 유행을 탈 거야. 아마 위키백과에도 등재되겠지.

RE + ing =

RE-ing 이 돼!

RE

라는 건
의도와 정보,
싱적인 흥미를 가지고
다시 본다는 의미를
담고 있어.

끝내준다!

끝내주는 생각들이 터져 나올 거야. 그런데 태도가 시큰둥하다면 영감이 오다가도 달아나겠지. 이런 반응 말이야. "그래, 영리한 생각이네… 그래서 뭘 어쩌라고?" "생각하기 귀찮아."

바람직한 반응은 어떤 걸까? 이를테면, 잠재의식이 네가 답할 수 없는 질문들에 작용하게 하는 거야. 잠재의식이 널 도와서 답을 찾도록.

내 잠재의식도 내가 '다시(재)'를 붙일 방법에 관해, 심지어 더 이상 생각도 하지 않고 있을 때 '비판적 사고'라는 화두를 머리에 떠올렸어. "그런데 비판적 사고가 구체적으로 어떤 거지?"

단 1분만 투자해서 비판적 사고의 도식을 그려 봐. 그러면 네가 의도와 정보와 진정한 흥미를 가지고 대상을 보는 데 꼭 필요한 게 비판적 사고임을 알게 될 테니까.

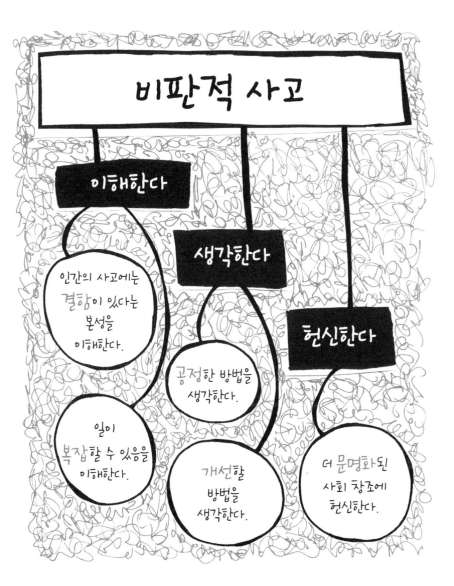

비판적 사고

이해한다

생각한다

헌신한다

인간의 사고에는 결함이 있다는 본성을 이해한다.

일이 복잡할 수 있음을 이해한다.

공정한 방법을 생각한다.

개선할 방법을 생각한다.

더 문명화된 사회 창조에 헌신한다.

난 비판적 사고를 좋아해!

아주 좋아하는 나머지 비판적 사고를 '콜럼버싱' 해.

그래, 난 비판적 사고를 통째로 내 것으로 만들려고 해. 대담한 시도지? 비판적 사고는 그만큼 좋은 거야.

하지만 이름이 별로야. 좀 후졌어.

좋아. 과거에 일부 백인은 이미 있던 걸 '발견'했지. 나도 그렇게 할 거야. '비판적 사고'를 새롭게 포장할 거야. 이름을 바꾸고 새 틀에 넣어서 세상에 다시 소개할 생각이야.

세상에 필요한 무언가에 새 생명을 불어넣는 건 나름대로 인류에 대한 공헌이 아닐까? 언제부터, 그리고 왜인지는 모르겠지만, 비판적 사고란 말 자체가 이젠 좀 진부해졌어. 특히 요즘엔 비판적 사고가 많이 실종되었어(감히 내 견해를 밝히자면).

텔레비전 뉴스를 봐. 아무 채널이나 틀어 봐. 소위 전문가라는 사람들이 나올 거야. 진행자와 초대 손님이지. 서로 다른 견해를 가진 그들은 '토론'을 한다고 하지만, 실제로는 남의 말에는 귀를 막고 자기 얘기만 떠들 뿐이야. 여기서도 결국 목소리 큰 사람이 이기는 것 같아. 이들이 '지성인'이라고?

논쟁이 벌어지면 내가 동의하는 주장이 무조건 이겨야만 한다는 생각, 이런 토론이 재미는 있을지 모르지만… 도움은 되지 않아. 차라리 슬픈 일이야. 무례하고 무지하고 배려가 없어.

왜 협력해서 함께 분석하지 않는 거지? 왜 제시된 생각을 재구성하지 않지?

왜냐하면 어떻게 하는지 모르니까. 아마도 말이야.

난 이제 어떻게 하는지 알아! 이제 너에게도 알려 줄게….

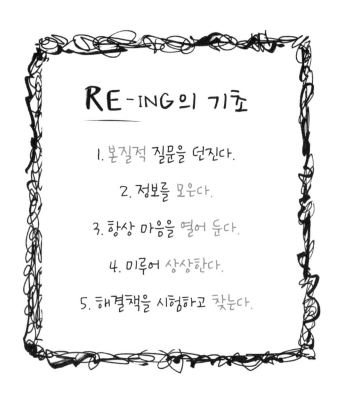

RE-ING의 기초

1. 본질적 질문을 던진다.

2. 정보를 모은다.

3. 항상 마음을 열어 둔다.

4. 미루어 상상한다.

5. 해결책을 시험하고 찾는다.

RE-ING은 단계적 절차야. 이것은 너로 하여금 깊이 있게 보게 해 줘. 이미 알고 있던 걸 새삼 알게 하고, 또 어떤 다른 선택이 있는지도 깨닫게 해 주지.

살필 가치가 있는 대상에 RE-ING을 해보자.

본질적
질문을 던진다.

무엇을 물어야 본질을 묻는 걸까? 난 모르겠어. 왜냐하면 '좋은' 질문처럼 보이는 게 결국은 뻔한 질문으로 판명이 나고, 반대로 '멍청해' 보이는 질문이 생각을 더 자극하는 것으로 결론이 날 수 있으니까. 난 멍청한 질문의 여왕이야. 진지하게 말하는 거야. 그러니 내가 조언을 좀 해볼까 해.

본질적 질문(정말로 탐구할 가치가 있는 질문)을 찾을 때는 온갖 질문을 던지고 나서 어느 질문이 딱 떨어지는지 보는 거야.

재밌는
멍청한
영리한
귀발한
친절한
명민한
훌륭한

온갖 종류의 **질문을 한다.**

내 결점이 나야? ◦ 내 인생에는 '문제점'만 있어? 다른 건 없어? ◦ 결점에 지나치게 신경 쓰는 거 아냐? ◦ 결점을 싫어하고, 거부하고, 부정하고⋯ 거기에 에너지를 너무 쏟는 거 아냐? 그러지 않으면 정말 안 돼? ◦ 결점을 대하는 최선의 방법은? ◦ 타인의 어떤 결점을 깨닫고 그 때문에 몹시 짜증이 난다고? 나에게는 그런 결점이 정말로 없는 걸까? ◦ X라는 육체적 결함을 어떻게 다룰까? ◦ Y라는 감정적 결점을 어떻게 다룰까? ◦ X라는 결함이 죽기보다 싫어? ◦ 내 결점의 안쪽에는 무엇이 있을까? ◦ 내 결점에서 배울 게 있다면? ◦ 왜 결점이 없는 척할까? ◦ 왜 결점에 대해서 지나친 관심을 갖거나 애써 외면하려고 하지? ◦ 결점은 나쁜 거야? ◦ 아니면 결점을 미워하고 싫어하고 포용하지 않고 멋대로 판단하는 태도가 진짜 문제일까? ◦ 결점이 하나도 없는 삶이란 어떤 걸까? ◦ 뭐가 결점이야? 누가 그걸 결점이래? ◦ 어떤 종류의 결점이 있어? ◦ X라는 결점을 놀이로 대해? ◦ 자기 결점과 놀 수 있어? ◦ 결점이 성장의 토대가 될 수 있어?

이런 온갖 질문 가운데서 내 주의를 끈 건 '뭐가 결점이야? 누가 그걸 결점이래?'야. 이 질문이 멍청해 보일 수 있어. 나도 알아. 하지만 멍청한 질문의 여왕으로서 감히 말하건대, "이 질문 진짜 좋다!"

정보를
모은다.

정보 수집은 아주 쉬운 일이기도 해. 탐구하고픈 주제에 눈과 귀를 열어 놓기만 하면 돼. 물론 더 적극적인 정보 수집 활동도 가능하지. 예를 들면, 인터넷 서핑을 하면서 자르고 붙여 기록해 놓는 것.

어느 방법을 선택하든, 단단히 준비해. 본질적 질문을 일단 네 탐색망에 걸어 놓고 나면 그와 관련된 수많은 정보가 눈과 귀로 쏟아져 들어올 테니까. 정보들이 갑자기 넘쳐서 당황스러울지도 몰라. 전에는 없던 정보가 아니라 네가 관심이 없었던 거야.

뭐가 결정이야?
누가 그래?

사전에 따르면...

결점(缺點) / 잘못되거나 부족하여 완전하지 못한 점.

We Stop Hate 동영상에서는...

나에게는 내 결점이 있고, 너에게는 네 결점이 있잖아. 그들에게는 그
들의 결점이 있고, 모두들 자신의 강점과 약점을 갖고 있어. 그래서 한
사람 한 사람이 다 특별한 거 아냐?

ThatOneBrandonKid, 17세

저는 아주 서툴고 어색한 사람이에요. 게다가 기운이 넘쳐요. '조증'이
나는 얘기도 듣는데, 뭐 어쩌겠어요, 이렇게 태어난걸. 잘 웃지만 인간
관계 같은 건 잘 못해요. "목청 좀 낮춰라. 귀 아프다."는 소리를 자주
듣기도 하죠. 처음에는 이런 말이 듣기 싫었어요. 그러다가 깨달았죠.
"이 사람들은 날 모르는구나."

HeyThere005, 17세

나는 심각한 뻐드렁니에다가 아래쪽 치열은 들쑥날쑥해. 열일곱 살 남
자치고는 근육도 없고 남자답지도 않지. 안경이 없으면 잘 보이지도
않아. 흑인이지만 농구 실력은 별로야. 이것들 때문에 학교와 집에서
내내 놀림을 당해 왔어. 인터넷상에서도 말할 것 없고.

Couchpotatokid05, 17세

하지만 그들이 네 결점이라고 여기는 그 모든 딱한 것들이
실은 너를 무엇보다도 가장 아름답게 만들어 줘.

ItsAntoniaWithAnA, 16세

내 경험을 들춰 봤어...

십대 시절 내내 나는 남자 친구가 간절했어. 그래서 당시에 데
이트를 하던 상대가 누구든 간에, 간이고 쓸개고 다 빼 줄 것처럼
굴었지. 내숭도 뭐…. 지난여름에도 같이 쏘다니던 남자가 있었어.
그런데 내가 SNS에 올리려고 사진을 찍는 걸 그렇게 짜증을 내더
라고. 그러다 보니까 그게 마치 내 결점처럼 느껴졌어. 이제 난 깨
달았어. 나의 이런 한심하고 소소한 행동까지 포용해 줄 남자를 원
해. 아직 찾진 못했어. 하지만 내가 찾고 있는 건 그런 남자야.

영화나 소설에서는...

'영웅의 결함(heroic flaw)'이나 '비극적 결함(tragic flaw)'이란 말을 들어 봤니? 남들보다 뛰어난 영웅이 지닌 선천적 결함 또는 단점을 일컫는 문예비평 용어야. 하마르티아(Hamartia)라고도 해. 이야기 속 주인공에게는 결점이 있기 마련이야. 주인공이 완벽하다면 이야깃거리가 없을 테니까. 정말로 중요한 결점이 있어야만 우리의 영웅이 극복할 거 아니겠어? 그게 아니라면 스스로를 바꾸고 변하고 성장할 이유가 없는 거지.

더군다나 이야기 속 주인공이 어떤 종류의 약점이나 맹점이나 불완전함을 갖고 있지 않다면 감정 이입이 안 될 거야. 우리는 그런 무결점 영웅에 애정을 느낄 수 없어.

바꾸고
변하고
성장하지 않는
이야기 삶은 없어.

내 현명한 친구는 어떻게 말했냐면...

체험기 쓰기와 자기 탐구를 가르치는 내 친구 마크 마토섹에게 결점에 대한 생각을 물었어. 이렇게 답을 하더라.

"인간은 본래 불완전해. 그게 결점이고, 결점은 우리 모두에게 있어. 그러니 대수롭지 않아. 결점은 생각일 뿐이야. 네가 너에게 '요구'하는 기준에 미치지 못하는 걸 결점이라고 여기는 거지. 결점은 나쁜 게 아냐. 결점을 호의적으로 보지 않는 게 나쁜 거야. 이게 진짜 문제야. 결점을 인정하지 않음으로써 자신과의 관계에서 싸움이 벌어져. 네가 너인 사람과 싸운다면 그게 뭐겠어? 너라는 소우주를 전쟁에 몰아넣는 거야."

마크 마토섹의 생각은 WeStopHate의 철학과 일맥상통해!

같은 생각, 다른 표현:

네가 너인 사람과
싸우는 건
너라는 소우주를
전쟁에
몰아넣는 거야.

스스로에 대해
좋은 기분을
느끼는 사람은
남들도 스스로에게
좋은 기분을
느끼길 바라지.

베스트셀러 작가는...

요즘 나는 스위스 작가 알랭 드 보통의 유튜브 동영상 몰아 보기를 하고 있어. 심하게 재미있더라고. 그가 이런 말을 하는데 솔직히 좀 찔렸어.

> "한국 도자기에는 철학이 담겨 있습니다. 일본 도자기도 마찬가지죠.
> 도자기를 통해서 삶의 불완전함을 받아들이는 태도가 드러납니다.
> 유약을 완벽하지 않게 칠합니다. 일부러요. 그런데도 매력적이죠. 우
> 리가 사는 이 시대와 사회에서 그런 걸 기대하긴 어렵습니다."

와우! 그래서 일본 도자기에 관해 더 찾아봤어. '킨츠기(金継ぎ)'에 관해 알게 되었지.

킨츠기는 금분을 섞은 접착제를 사용해 깨진 도자기를 붙이는 일본의 기술이야. 붙인 자국이 빛나는 금색이어서 잘 보이지. 그럼으로써 불완전함을 강조하는 거야. 그게 멋지다고 보는 거지. 희로애락 산전수전 다 겪은 도자기를 더 대접한다고나 할까. 도자기가 깨져서 망가진 게 아니라 도자기의 인생에 역사가 생겼다고 생각해. 더 아름답게 다시 태어나는 거지.

21회

서양 문명에서

불완전함은

가치를 좀먹는 것

12쯤

동양 문명에서

불완전함은

가치를 높이는 것

항상 마음을
열어 둔다.

열린 마음, 이건 하나의 단계라기보다는 내내 해야 하는 일이야. 네가 받아들이고 있는 정보를 미리 판단하지 않도록 주의해. 수집한 정보가 가만히 들어오게 놔두는 것, 그게 '열린 마음'이야.

나도 그것이 쉽지 않았어. 많은 것들에 대한 내 마음을 미리 정해 놓았기 때문이었어. 대개는 그러한 사실을 깨닫지도 못했지. 듣고 있는 것을 판단하는 나 자신을 보고 깜짝 놀랐어. 그럴 때마다 난 랩티튜드닷컴(raptitude.com)에서 본 한 통찰력 있는 문장을 떠올렸어.

강력한 믿음은
조금도 자랑스럽지 않다.

강력한 믿음, 그건 네 스스로에게 질문을 던지지 못하게 막는 힘이야.

이런 건 자랑스럽지 않아. 강한 신념은 열린 마음의 반대말이야.

여기서 질문! 탐색 중인 네가 마음을 열지 못하게 방해하는 강력한 믿음은 없니?

무엇이 결점이며, 누가 그걸 결점이래?

나에게도 이 탐색을 방해하는 거대한 믿음이 하나 있어. 바로 내 결점에 관련한 믿음이야. 누가 그걸 말하는지도 알아. 바로 나야. 내가 (차분하고 단호하게) 내 몸은 비호감이라고 말해. 말하는 사람이 다름 아닌 나 자신이기 때문에 여기에 토를 달지는 않아. 남이 나에게 그렇다고 말한다면? 그들에게 눈을 흘기겠지.

하지만 듣기에 괜찮은 말보다 듣고 싶지 않은 말들에 대한 더 진지한 고찰이 필요해. 왜냐하면 몸에 좋은 약이 입에는 쓴 법이니까. 밀쳐 내고 싶은 말들이 사실은 가장 도움이 돼. 여기에 귀를 기울여야만 해.

내가 스스로에게 해 온 말은 이런 거였어. '얘, 네 외모에서 호감인 건 없어.' 난 이 말을 면밀히 들여다보았어. 그리고 내가 세상을 겨우 외모에나 근거해서 호감과 비호감으로 나누고 있었다는 사실을 깨닫고 충격을 먹었어.

맞아, 말도 안 돼.

미루어 상상한다.

미루어 상상한다는 건 놀이적 사고를 한다는 얘기야. 앞에서 모든 것을 놀이와 연결하라고 했지? 이때 필요한 게 미루어 상상하는 능력이야. 본인이 하고 있는 일을 마치 영화를 보듯이 거리를 두고 살피는 거야. 미루어 상상하는 능력을 사용해 미래로 가 보자. '무엇이 결점이며, 누가 그걸 결점이라 말하느냐'는 우리의 문제를 탐색하기 위해서 꼭 필요한 질문이야.

네가 아흔 몇 살이라고 상상해 봐. 요실금이 있고, 만성 골반 통증을 겪어. 아흔두 살의 너는 앉아서 지금의 네 나이였을 때를 돌이켜 보고 있어. '그때는 내가 뭔가에 항상 짜증을 냈는데… 그게 뭐였더라… 그래, 맞아. 팔이었어 아무리 운동을 열심히 해도 팔이 퉁퉁했어.' 아흔두 살의 너는 팔을 들여다보고 생각해. '탱탱한데?' 다시 현재로 돌아와 봐. 너의 퉁퉁한 팔을 결점으로 만든 건 네 생각이지 않아?

어땠어? 아흔두 살이 아닌데 그 나이가 되어 보는 것. 이런 게 미루어 상상하는 거야.

해결책을 시험하고
찾는다.

정보를 모으고, 열린 마음으로 생각하기 위한 모든 걸 지금까지 알아보았어. 우리의 질문을 다시 던져 보자. 이제는 나름대로 답할 수 있을 거야.

무엇이 결점이며,
누가 그걸 결점이래?

나에게 있어서 결점은 (여전히) 신경이 거슬리는 나의 어떤 점이야. 하지만 이제는 기꺼이 이렇게 물을 수 있어.

만약...

신경이 거슬리는 나의 어떤 점이 사실은 좋은 거라면?

만약...

결점들에 대처하는 과정을 통해서 내가 더 나은 사람, 더 풍요롭고 사려 깊은 사람이 된다면?

만약...
그 결정이
나라는 사람의 이야기에
창조적 더하기가
된다면?

그래, 바로 그런 생각이 새로 들었어. 내 인간적 결점은 나를 더 흥미롭고 가치 있게 만들어 줘. 내 삶의 빼기가 아니라 더하기라고.

네 삶에서도 시험해 봐. 이러한 생각을 품고 다녀 봐. 더 많은 아이디어를 찾으러 나가 봐. 너에게 무엇이 진실하게 느껴지는지 살펴봐.

일단 RE-ING의 습관을 들여 봐. 우리 자신에 대해 생각하는 건 재미있기 때문이야. 더 중요한 게 있어. 스스로에 대해 생각하는 능력이 곧 너의 힘이라는 거지. 그것은 네가 생각하고 시도하고, 네가 정의한 너란 사람으로서 삶을 사는 힘이야.

네 전부를 껴안아

난 어떻게 하냐면 말이야, 얘들아, 감싸 안아!

xSamiSDx, 16세

이번 장은 너를 껴안는 것에 관한 이야기야. 너 자신을 진심을 담아 포용하는 거야. 진지하게 너의 전부를 받아들인다는 것은 너를 너이게끔 하는 모든 것을 끌어안는다는 뜻이야. 너에게는 그런 포용이 필요해. 진심을 담아.

너의 하나부터 열까지 모든 것(전부 다)을 말하는 거야.

이 '전부'에 포함되는 모든 것을 안다는 건 결코 만만치 않은 일이야. 엄살이 아니야. 나 역시도 나의 '전부'를 파악하지 못했어. 아직은. 하지만 너라면? 만약 네가 정말 알고 있다면 너는 깨어 있는 사람이야. 아니면 허세를 부리는 거든지.

이것이 '너를 너이게 하는 모든 것'을 마음으로 (또 두 팔로) 감싸 안는 게 그토록 도전적인 이유야. 간단히 말해서…

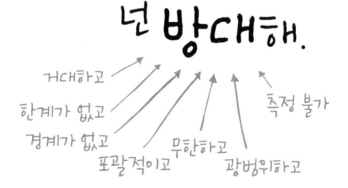

넌 방대해.

거대하고
한계가 없고
경계가 없고
포괄적이고
무한하고
광범위하고
측정 불가

너는
신비로운 사람이야.

신비로운 사람이게끔 하는 주요한 이유 중 하나가 방대함이야. 존재의 방대한 신비에 관해 전부 생각하기에는 우리 머리가 좀 달리지. 그러니 우리의 알려진 부분에 초점을 맞추자. 다행히도 여기에 관해서는 아는 게 많아.

우리 스스로에 관해 분명히 아는 점들을 하나하나 짚어 보자.

물리적인

너

네 몸은 방대해.

흔히 '인간의 육체는 기적'이라고들 해. 하지만 내 전공은 해부학과 생리학이 아니기에 이 부분에 대해서는 상대적으로 아는 게 없어. 하지만 우리에게는 인터넷이 있잖아? 검색창에 '인체의 놀라운 진실'이라고 쳤더니 놀라운 사실과 수치들이 쏟아져 나왔어. 살과 뼈로 이루어진 인체의 방대함의 정도는 대략 아래와 같아.

코는 오만 가지(글자 그대로 50,000가지) 냄새를 기억해. ◆ 성인 한 사람은 7,000,000,000,000,000,000,000,000,000[7천 자(秭)]개의 원자로 구성돼. ◆ 사람의 눈은 10,000,000(1천만)가지 다른 색깔을 구분할 수 있어. ◆ 두뇌가 평생 동안 기억하는 장기 기억의 개별 정보는 1,000,000,000,000,000(1천 조)개나 돼. ◆ 성인 몸의 혈관 길이는 총 160,000킬로미터에 달해. ◆ 보통 사람은 평생 23,600리터의 침을 생산하지. 수영장 2개를 채우기에 충분한 양

이야. ⁕ 지문처럼 혀에도 사람마다 다른 설문(舌紋)이 있어. ⁕ 인간의 뼈는 동일 질량일 때 강철보다 단단하다고 해. ⁕ 심장 박동은 듣고 있는 음악에 따라서 바뀌고, 또 그 음악을 흉내 내. ⁕ 입안의 박테리아 숫자는 세계 인구보다도 많아. ⁕ 심장이 매일 생성하는 에너지로 트럭을 30킬로미터 넘게 몰고 갈 수 있어. ⁕ 우리 몸속 모든 세포 안에 있는 DNA의 나선형으로 꼬인 실타래를 풀면 16,000,000,000(160억)킬로미터야. 지구에서 명왕성까지 왕복할 수 있는 거리지. ⁕ 한 걸음 내딛는 데에도 200개 이상의 근육을 사용해.

와, 대박! 넌 이런 존재야! 게다가 이건 빙산의 일각에 불과해.

우리 몸은 참으로 대단해요. 이 사실을 더 일찍 알았더라면 얼마나 좋았을까요. 나이가 들어가는 요즘에서야 새삼 깨닫고 있습니다. "몸이란 게 정말 놀랍네. 결국 이 육체로 인생을 사는 거잖아. 온갖 질병과 싸우고, 스스로 숨도 쉬고." 굉장하죠?

올레샤 루린(Olesya Rulin)(@OlesyaRulin), 영화 〈하이 스쿨 뮤지컬〉 출연 배우

비물리적인 너

다음은 너의 비물리적인 부분이야. 보거나 만질 수 없는 부분이지. 하지만 보거나 만질 수 없는 게 그럴 수 있는 것보다 덜 현실적이라고는 할 수 없지.

너의 비물질적인 일부는 내면의 삶이야. 감정, 생각, 상상, 직관, 관찰, 이해심 등등 여러 가지로 이루어져 있어.

합리적 사고를 한다는 이들은 흔히 눈에 보이지 않는 것이 물리적으로 보이는 것만큼 중요하다는(어쩌면 더 중요하다는) 개념을 거부하곤 해.

한때 사람들은 지구가 평평하고 태양이 지구 주위를 돈다고 믿어 의심치 않았잖아. 그랬던 것과 마찬가지로 언젠가 이렇게 말할 날이 오지 않을까?

"물리적 세계가 그 무엇보다 중요하다고 맹신하던 시절도 있었지."

성공이란 뭘까요? 흔히 돈을 많이 버는 것이 성공이라고 여기죠. 좋은 차를 타고 좋은 옷도 입어야겠죠. 하지만 현실에서 이것들은 순식간에 사라질 수 있습니다. 제 생각에는 그 사람의 내면이 어떠냐가 더 중요한 것 같습니다. 행복합니까? 자신에게 만족합니까? 스스로를 믿습니까? 겸손합니까? 자신을 사랑합니까? 주변 사람들을 사랑합니까? 자기 삶에 긍정적입니까? 그렇다면 당신은 성공한 사람입니다.

코이 스튜어트(Coy Stewart)(@CoyStewart), 15세,
니켈로디언(Nickelodeon) 방송 〈Bella and the Bulldogs〉 출연 배우

무엇과도 분리되지 않은 너

마지막으로 너를 다른 모든 것들과 이어 주는 부분을 살펴보자.

왜냐하면…

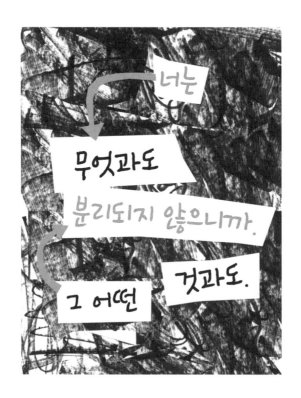

내 말에 아마도 고개를 갸우뚱할 거야. 네 몸을 아무리 살펴봐도 너는 분명 주변과 잘 분리되어 있을 테니까. 그럼에도 불구하고 현대 물리학은 (꽤 오랫동안) 분리는 환상이라고 말해 왔어. 거대한 착시 현상이라는 거야.

그것을 알기 위해서 양자 물리학 학위를 받을 필요는 없어. 다행이지? 단지 밖으로 나가서 자연의 상호 관계를 관찰할 수만 있으면 돼(자연뿐만 아니라 세상 만물에 공통된 현상이니까 어디서든 가능해.). 모든 것이 얼마나 극적으로 서로 연결되어 있는지 진짜로 보려고 한다면 보일 거야.

주목할 만한 사례 하나! 전 세계 벌 떼가 지금 죽어 가고 있어. 그다음 사태를 예상하기 위해서 아인슈타인이 될 필요는 없어. "벌이 없으면 꽃가루를 못 옮기고, 그래서 수분이 안 되면 식물이 사라지고, 식물이 없으면 동물도 사라지고, 결국 인류도 소멸해." 믿거나 말거나, 아인슈타인이 실제 이 말을 했다고 해. 이걸 반대로 생각해 보자. 만약에 우리가 꿀벌의 집단 폐사가 일어나지 않게 잘 보살핀다면 꽃가루 수분은 계속될 테고… 식물도, 동물도, 인류도 무사할 거야.

무언가를 볼 수 없다고 해서 그것이 진실이 아니라고 할 수 없어.

모든 것은 다른 모든 것과 연결되어 있어. 따라서 우리의 '개인적인 방대함'은 결코 개인적이지 않아.

우리는 서로에게 속하고, 이 지구에 속해. 그게 진실이야.

자신이 세상과 분리되어 있다는 생각이 모든 걸 망쳐. 이러한 생각 때문에 다음과 같은 일들이 벌어지는 거야.

- 지구 전체에 미치는 악영향은 생각하지 않고 돈 되는 땅과 자원만 골라 개발한다.
- 빈곤과 중독 문제를 사회 구조적 문제가 아닌 개인 차원의 문제로 돌린다.
- 우리 몸 전체에 미치는 영향에 대한 고려 없이 신체 한 부분에만 무언가를 한다.

A QUIZ

1. 나를 나이게 하는 모든 걸 완전히 이해할 수 있나요?

   YES ☐   NO ☐   MAYBE ☐

2. 나를 나이게 하는 전부를 받아들일 수 있나요?

   YES ☐   NO ☐   MAYBE ☐

2. 아니요, 나의 진실을 받아들이는 건 가능하지만 누구나 할 수 있는 일은 아니다.

1. 아니다. 그 진실을 이해할 수는 없다.

너의 전부를 끌어안아.*

*사랑 + 수용 (Love + accept)

사람들은 십중팔구 자기의 '전부'를 잘 수용하지 못해. 그러니 일단 받아들이기 쉬운 일부만을 수용해 보면 어떨까? 그것은 좋은 출발점일 거야. 하지만 엄밀히 말해서 자신을 제대로 받아들인 것이라고 할 수는 없어. 왜냐하면 그것은 정말로 너란 사람이 아니니까.

너에게 선량하고 밝은 햇살이나 무지개 같은 면만 있는 건 아니야. 너에게는 어둡고 무섭고 황량하고 아픈 상처 같은 면도 있어.

그래, 이렇게 비교적 수용하기 힘든 부분들을 어떻게 껴안기 시작할래?

똑바로 봐.

받아들이려면 일단 똑바로 봐야 해. 그것이 무엇이든 다 마찬가지야. 좋은 소식을 전해 줄게. 직시하는 것을 꼭 좋아할 필요는 없어. 그냥 조금 용기만 내면 돼. 조금만 힘내자.

몇 해 전에 알아차린 사실이 있어요. 내가 나를 싫어하는 만큼 나를 싫어할 수 있는 다른 사람은 없다는 거죠. 그걸 계기로 해서 나에 대해 마음에 안 드는 온갖 것들에 관해 생각해 보게 되었어요. 이런 것들이죠. "나는 눈이 나빠. 나는 사사건건 부정적이야. 나는 사람들을 불편하게 해. 내 몸매는 이상한 것 같아." 가만히 보니까, 다른 사람이 나에 대해 어떤 안 좋은 말을 하든지 간에 이미 내가 나에게 다 했던 말이겠더라고요.

이튼 셔(@EdenSher), 22세, ABC 방송 〈The Middle〉 출연 배우

그냥 직시하는 거야.
그렇게 나쁘진 않아.

결점

나

　자신의 좋아하지 않는 부분을 똑바로 보기는 쉽지 않아. 방법을 하나 추천할게. 동그라미 얼굴 두 개를 서로 마주 보게 그리는 거야(눈의 위치를 잘 찍어야겠지?). 하나는 너고, 다른 하나는 네가 좋아하지 않는 너 자신의 일부야. 이렇게 두 개의 캐릭터가 탄생해. 그들은 이제 서로 이야기할 수 있어.

　이제 무얼 하냐 하면, 그들이 말하는 것을 네가 적는 거야. 일단 동그라미 얼굴을 그리고 나면 말소리가 들릴 거야. 내가 시범을 보여 줄게. 이 기술을 어떻게 사용하는지 잘 봐.

내가 가장 먼저 떠올린 동그라미 얼굴은 '지나치게 생각하는 나'
야. 나는 그걸 좋아하지 않아.

하지만 이것으로는 개운하지 않아서 다시 동그라미 얼굴을 두
개 그렸어. 두 번째로 떠오른 생각은 이거였어. '난 지나치게 생각
하는 나를 좋아하지 않지만, 그것 이상으로 내 덩치가 크다는 사
실도 정말이지 좋아하지 않아.'

덩치가 산만 한 내가 괜찮다고 느껴지지 않았고, 그럼으로써 다시 내가 이런 나를 좋아하지 않으며, 그래서 밖에 잘 나가지 않는다는 점이 떠올랐어. 참 지치는 과정이지? 이따금 나는 집에서 빈둥거리는 시간이 너무 많다는 사실에 화가 나. 주말이면 집에서 혼자 파자마를 입고 뒹구는 걸 좋아해.

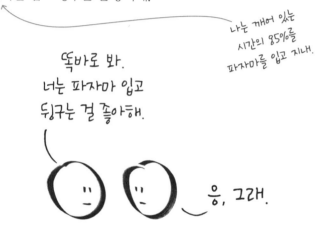

나는 깨어 있는 시간의 85%를 파자마를 입고 지내.

똑바로 봐.
너는 파자마 입고
뒹구는 걸 좋아해.

응, 그래.

파자마에 관해서 생각하자 다시 나는 취미가 없다는 사실과, 그 점을 내가 얼마나 좋아하지 않는지가 새삼 떠올랐지.

똑바로 봐.
넌 취미가 없어.

응, 맞아.

사실 한 친구가 내게 취미 좀 가지라는 말을 하기 전까지는 취미가 없다는 점이 크게 신경 쓰이지는 않았어. 그래서 구글 검색창에 '취미'라고 입력해 보았어. 수많은 취미가 나왔지만 그중에 나에게 맞는 취미는 하나도 없었어. 진정한 취미가 하나도 없는 나를 좋아하지 않는다는 사실이 이번에는 나를 질투에 휩싸이게 했어. 내가 바라는 취미를 가진 사람들에 대한 시기심이었지.

그래, 이제부터 정말 하기 싫은 얘기를 해볼게.

나 자신에 관해 가장 싫은 부분은 바로 내가 비록 상복이 터져서 마땅히 받을 상보다 훨씬 많은 상을 받아 오긴 했지만, 그렇다고 하더라도 난 여전히 내가 받을 수도 있지 않았을까 싶은 상을 다른 사람이 받는 것을 볼 때 질투심을 느끼는 점이야. 이런 내 자신을 받아들이는 게 정말로 힘들어. 하지만 이게 나인걸.

이런 나를 껴안을 수 있을까? 글쎄, 자신 없어. 그럼 똑바로 바라볼 순 있어? 방금 했잖아.

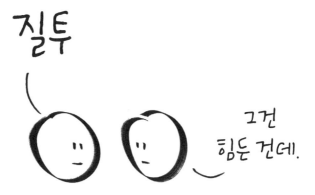

너는 약간 과체중일 수도 있고, 머리카락이 이상하게 자랄 수도 있고, 옷이 몸에 잘 안 붙거나, 가슴이 작거나, 아니면 가슴은 큰데 그게 싫을 수도 있어. 얼굴에 주근깨가 가득할 수도 있고, 사마귀가 하나 있는데 그게 아주 싫어 죽겠을 수도, 여드름이 있거나, 어떤 피부병이 있을 수도 있어. 이가 고르지 않거나, 이 사이가 벌어졌을 수도 있어.

TaylorrScreamsRawrr, 15세

이젠 네 차례야.
똑바로 봐.
you...

그러고 나면 이제 다음 일을 할 수 있어.

껴안아 줘.

저는 말할 때 입에서 침이 많이 튀는 편이에요. 타고난 구강 구조 때문이죠. 침이 상대방에게 튈 때도 많아요. 정말 민망하죠. 일부러 그러지는 않지만 항상 그런 일이 일어나요. 근데 한 사람은 다른 사람들과 100만 가지 이유로 다를 수 있어요. 저는 그냥 받아들였어요.

Adri411, 19세

두 팔로 무언가를 감싸 안는 상상을 해 봐. 그건 아주 따뜻하고 전부를 아우르는 포옹이야. 차별을 받거나 남겨진 건 없어. 반대로 이번에는 하기도 받기도 싫은 그런 종류의 포옹을 상상해 봐. 뻣뻣하게 굳은 몸으로 하는 형식적인 포옹일 거야.

이제 너 자신의 좋아하지 않는 모든 점을 떠올려 봐. 그건 네 앞에서⋯ 고통을 겪으며 서 있고⋯ 따뜻한 포옹을 필요로 해. 이제 네가 할 수 있는 건⋯

네 오라지게
아픈 결점을
껴안아 줘.
((((◦))))

오라질. 그래, 이 말이 욕이란 건 알아. 하지만 하필 여기 쓴 이유가 있어. '오라'는 도둑이나 죄인을 묶을 때 쓰는 줄이고, '오라질'은 오라에 묶여 갈 만하다는 뜻이야. 누구도 오랏줄에 묶여 끌려가고 싶어 하지는 않아. 하지만 고통을 주는 원인을 잘 다스리지 못해 그것이 자신을 옥죄는 동안에는 누구나 오랏줄에 묶인 형국이야. 불안감 같은 것들이 몸통과 사지를 묶어. 불안감에 고통을 겪을 때 우리는 자유롭지 않아. 현실에서 설령 자유로이 손발을 움직일 수 있다고 하더라도 정신은 괴롭게 버둥거릴 뿐이야.

불안감은 언제나 사람을 좀먹는 작은 악마야.

대니엘 처크런(Danielle Chuchran)(@DaniChuchran1), 21세,
영화 〈더 캣(Dr. Seuss' The Cat in the Hat)〉 출연 배우

출구가 있을까?

그래, 있어.

잘 안아 줘!

네 불안감 중 하나를 껴안아 봐. 따뜻하고 사랑스럽게 포옹을 해 주는 걸 상상해. 힐책하지 말고, 따뜻한 연민의 마음으로, 조심해서 껴안아 줘.

똑바로 보고 껴안아.
+
그러지 못한다면...

'똑바로 보고 껴안는 것'이 만능 해결책이면 얼마나 좋을까. 우리 자신의 받아들이기 쉽지 않은 부분까지 전부 포함한 모든 것에 대해서 말이지.

하지만 너의 어떤 일부를 직면할 수는 있는데 껴안을 수는 없다면? 그럴 수도 있잖아. 만약에 네가 도저히 껴안을 수 없는 것과 맞닥뜨리게 된다면 다음처럼 해봐….

아무것도
하지 마.

그래, 아무것도. 아무것도 하지 마.

쉬운 출구를 선택한 것처럼 보일지도 몰라. 하지만 아직 해보지 않았기 때문에 그런 생각이 드는 거야. 아무것도 하지 않는다는 건 이런 의미야. "이 결점을 바꾸려는 시도를 접겠어. 아마 껴안지 못할지도 모르지만, 그렇다고 거부하지도 않겠어."

아무것도 하지 않는다. = 원래대로 둔다.

그렇게 할 수 있겠어? 네 자신에 관한 무언가 좋아하지 않는 진실을 그냥 그대로 둘 수 있겠어?

"똑바로 보고 아무것도 하지 않는다"의 속뜻은…

- 이 결점이 너라는 사람의 정수를 바꾸지는 않는다.
- 이 결점은 일부이고 그에 비해 훨씬 큰 너는 자신을 바꾸며 결점 없이도 존재한다.
- 불완전함의 존재가 너라는 사람의 깊이를 더할 수 있다.

똑바로 본 다음에, 그러나 껴안기 전에 아무것도 안 하는 단계를 슬쩍 끼워 넣는 것도 좋을 거라고 생각해. 아무것도 하지 않는 시간을 둠으로써 껴안는 일을 덜 어렵게 하는 거야. 이러한 단계 구성은 모두 시행착오 끝에 나온 경험이야. 정확한 과학이 아니야. 그러니까 사람마다 또 결점마다 다를 거야. 놀이를 하는 마음으로 다양한 시도를 해봐. 그리고 무슨 일이 벌어지는지 잘 봐.

똑바로 본 다음에 할 수 있는 대안을 하나 더 소개해 볼까 해.

새 틀에 넣어야 해.

어떤 때는 부정적인 것도 다른 때는 아주 긍정적일 수 있죠. 여러분에게도 이런 비슷한 면이 많을 거라고 생각해요.

조시 로런(Josie Loren)(@JosLoren), ABC 가족 채널의
〈Make It Or Break It〉 출연 배우

새 틀에 넣는다는 건 이런 거야. 네가 어떤 생각을 가지고 있어. 그런데 영 힘들어 보여. 이때 이렇게 마음먹는 거야. '이 상태로는 안 되겠어. 더 긍정적인 대안을 찾아보자.'

나도 걸림돌 같은 생각들을 새 틀에 넣어 보았어. 나는 원래 목소리가 커. 그게 부끄러웠어. '아무 데서나 큰 소리로 떠들다니 창피해. 하지만 조곤조곤 말하는 건 성격상 도저히 못 하겠어!'

한번은 이런 일도 있었어. 기숙사 복도에서 휴대폰으로 통화를 했는데 얼마나 시끄럽게 웃고 떠들었는지, 나중에 들으니 우리 층 사람들이 모두 다 내 목을 조르고 싶어 했다지 뭐야.

이걸 어떻게 새 틀에 넣을까 고민하다가, 쩌렁쩌렁한 목소리가 장점으로 작용했던 과거의 일들을 떠올렸어. 청소년 케이블 채널 틴닉(TeenNick)에서 주는 HALO 상(Helping and Leading Others Award)을 수상하러 MTV 스튜디오에 갔을 때야. 많은 사람들과 함께 앉아 있는데 뜻밖에도 레이디 가가가 나에게 WeStopHate에 관해 묻는 게 아니겠어. 그래서 "레이디 가가, 당신이 응원하는 모든 것을 저희도 역시 옹호해요."라고 대답했어. 그때의 방송 화면을 돌려 보고 알게 된 사실인데, 내가 그 말을 모두에게 들릴 만큼 크게 했더라고.

약점이라고 생각한 것을 강점으로 바꿀 수 있어. 내가 기숙사 복도에서 진상 짓을 했을 때 내 쩌렁쩌렁한 목소리는 약점처럼 느껴져. 하지만 레이디 가가의 질문에 대한 대답을 쩌렁쩌렁하게 해서 모두가 그 말을 쉽게 들을 수 있었을 때 그건 강점이야.

> 내 자신에 관해 그다지 마음에 안 드는 점들이 있지만, 만일 이것들을 긍정적으로 사용한다면 나를 파괴하는 대신 나를 더 낫게 만들 수 있습니다.
>
> JillianLovesFilm, 16세

'약점이라고 생각했는데 알고 보니 강점인 것'은 늘 주변에 있어. 이것은 우리의 결점을 완전히 다르게 보도록 해 줘.

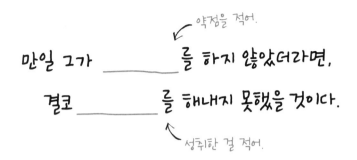

만일 그가 청력을 잃지 않았더라면,

결코 지휘와 연주를 포기하고 작곡에만 몰두하지 않았을 것이다.

베토벤

만일 그녀가 병을 앓아 귀머거리에 장님이 되지 않았더라면,

결코 우리에게 인간 승리의 영감을 주지 못했을 것이다.

헬렌 켈러

만일 그녀가 이별의 아픔을 겪지 않았더라면,

결코 수많은 소녀(나도!)들에게 공감을 주는 좋은 노래를 만들지 못했을 것이다.

테일러 스위프트

만일 그녀가 초등학교에서 심한 괴롭힘을 당하지 않았더라면,

결코 WeStopHate를 만들어서 사람들을 돕는 일을 하지 않았을 것이다.

에밀리 앤-맥게리

새 틀에 넣는다(영어로 Re-frame)는 것은 강력한 RE-ING이기도 해. 이것은 너 자신의 좋아하지 않는 부분에 관해 생각하고… 다시 생각하게 해.

이제 너에 대한 이야기로 빈칸을 채워 봐.

"만일 내가 _____하지를 않았다면,
결코 _____를 못했을 것이다."

다르게 묻는 방법도 있어.

"만약 내가 _____이 아니었다면,
_____를 하지 않았을 것이다."

네 전부를 껴안는 연습을 해본 이번 장도 벌써 끝나 가는구나. 나는 이게 어렵다고 생각해. 항상 가능하지도 않아. 하지만 그래도 괜찮아. '껴안는 것' 말고도 다른 대안이 있다는 사실을 이제 알았으니까.

그것을 껴안는 대신에 아마도 우리는 그것과 건강한 관계를 유지하면 돼. 또 네 전부가 아니라 네가 최대한 감당할 수 있는 만큼이어도 괜찮아.

네 자신과

건강한 관계를

맺어야 해.

할 수 있는   한

딱히!

좋아, 좋아. 하지만 그렇다고 해서 이번 장 제목을 바꾸지는 않을 테야(그러면 재작업을 해야 하니까). 뒤늦게 깨달았다고 해서 꼭 시간을 허비할 필요는 없다고 생각해. 지금의 제목도 충분히 건설적이지 않아? 우리가 좋은 탐구를 하도록 해 주었고, 다음과 같은 요점도 나왔으니까.

방대한 너의 전부는
이미 그곳에 있어.
그것은 조금씩 드러나.
네가 할 일은
쉽게 드러나게
해 주는 거야.

쉽게 드러나게
해 주는 방법

1. 알려지거나 알려지지 않은 *awe*
   너의 모든 부분에 경외심을 갖는다.

2. 대상을 똑바로 쳐다본다.
   face

3. 네가 할 수 있는 한 사랑한다.
   love

4. 필요에 따라서는 아무것도 하지 않는다. *Nothing*

5. 항상 선(*goodness*)을 찾고 구한다.

6. *you* 네 자신과 가능한 한 건강한 관계를
   healthy 맺는다.

6

영향력의 힘

힘이 되는 사람들을 주변에 두고, 힘을 주는 그림과 말들로 주변을 채우세요. 자신감 있는 사람들 옆에 있으면 당신이 아름다운 까닭을 알게될 것입니다.

개비 그레그(Gabi Gregg)(@GabiFresh), 24세, 통통한 패션 블로거

세상은 둥그렇지. 그래서일까? 지구의 많은 것들이 둥그런 성격을 지니고 있어. 영향력도 그래. 내가 영향을 받기도 하고 반대로 주기도 하면서 돌고 돌아.

　내가 어떻게 영향을 받고 있는지(무엇을 머리에 받아들이고 있는지), 내가 어떤 종류의 영향을 주고 있는지(어떤 유형의 에너지를 세상에 내놓고 있는지)를 알아볼 가치가 있어. 왜냐하면 영향력은 힘이니까. 실제로 상당한 힘이야. 우리와 세상을 모양 짓는 힘이지.

영향력의 중요성에 관해 생각하다가 문득 부처님에 관한 일화 하나가 떠올랐어. 부처님은 2,500년도 더 전에 살았던, 아주 깨어 있는 분이지. 중생에게 많은 가르침을 주었는데, 그중에 하나가 '중도(中道)'라는 거야. 중도는 극단이 아닌 균형을 지향하는 사상이야.

아, 내가 말하려는 이야기는 부처님이 죽음을 앞두었을 때의 일이야. 시자(侍者, 부처님을 옆에서 모시며 그 말씀을 모두 받아 적은 제자) 아난다는 숨을 거두려는 스승으로부터 마지막 지혜를 한 조각이라도 더 얻고자 이렇게 물었어. "스승님, 불법(佛法)을 좇음에 있어 가장 중요한 단 하나가 무엇입니까?"

부처님이 뭐라고 했는지 알아?

"네 주변에
어떤 사람들을 두느냐다."

이게 가장 중요한 단 하나야.

아주 훌륭한 대답이라고 생각해. 하지만 그것이 비록 현자의 말씀일지언정 너는 여전히 이렇게 물어야만 해. "그게 사실이야?"

최근에 난 크리스 피터슨(Chris Peterson)에 관한 글을 읽었어. 긍정 심리학(positive psychology) 분야에서 많은 공헌을 한 연구자야. 그도 죽기 전에 이런 질문을 받았다고 해. "평생을 바쳐 웰빙에 관한 연구를 하셨는데요, 그중 가장 의미 있다고 생각하는 연구 결과는 무엇입니까?"

크리스 피터슨의 답변이 뭐였는지 알아?

"다른 사람들이 중요하다고 생각하는 겁니다."

이것이 그의 가장 유의미한 결론이야.

'다른 사람들이 중요하다'는 말은 부처님의 말씀을 재확인시켜 주고 있어. 우리 주변 사람들의 존재가 이렇게까지 큰 영향력을 행사한다는 거야. 그 이유에 관해서 크리스 피터슨은 이렇게 설명해.

> "왜 다른 사람들이 중요하냐면, 우리 행복의 대단히 많은 부분을 그들에게 의존하기 때문입니다."

네 삶의 '타인'에 관해서 생각해 봐. 너에게 가장 중요한 사람들에 관해서. 그들이 없다면 네 삶이 어떻겠니? 그들이 없는 삶이 얼마나 다를지 정말로 알고 싶다면 앞서 배운 '충격 요법'을 써 봐.

너에게 있어 가장 중요한 누군가가 사라져 버렸다고 상상해 봐. 네가 상상하고 있는 그것이 정말처럼 느껴질 때까지 상상해.

어떤 느낌이야? 그 삶은 어때?

충분히 느꼈으면 다시 현실로 돌아와. 괜찮아, 상상이었어.

여기서 또 하나 중요한 점. 다른 사람에게 있어 넌 그들의 '타인'이야. 그들에게도 마찬가지로 네가 중요하다는 의미지.

누가 너의 '타인(너에게 영향을 줄 사람)'이 될 것인가와 네가 어떤 '타인'이 될 것인가(네가 주게 될 영향의 종류)의 문제에 있어서는 실제로 선택을 해야만 해.

의식적 선택이 요구된다는 거야.

작은 고등학교를 다녔어요. 친구들 무리도 작았죠. 누구나 자기가 낀 무리가 있었어요. 학교생활을 하는 동안은 어쨌든 그들 주변을 맴돌게 되죠. 고등학교에서 제가 당한 괴롭힘과 미움과 눈물과 지지고 볶는 온갖 일들의 십중팔구가 그들 때문이었어요. 어느 날 마침내 마음을 정했죠. 내 친구들의 행동이 마음에 안 들었어요. 그들이 나를 대하는 방식도 마음에 안 들었고요. 새로운 친구들을 사귀기 시작했죠. 아주 힘들었어요. 하지만 결국에는 제 선택에 매우 흡족해했지요. 덕분에 학창 시절을 즐겁게 마무리할 수 있었고요.

Nayders07, 18세

먼저, 영향을 받음에 있어 의식적 선택을 하는 사람에 관해 살펴보자. 자신이 받을 영향을 아주 깐깐하게 고르는 사람이야.

분별 있게 골라.

너에게 영향을 주는 사람을 선택함에 있어서 우선 할 일은 고무적인 사람들이 누구인지 확인하는 거야. 새로이 그런 사람을 찾을 수도 있지만, 이미 네 주위에 있는 이들 가운데서 알아보기도 해.

고무적인 사람이란 너에게 애정과 영감을 주는 조력자야. 그들은 너라는 사람의 잠재력이 만개하도록 도울 수 있어. 그런 사람들 옆에 있으면 좋아. 그들의 좋은 면을 자연스레 네가 본받기 때문이야.

저는 '60퍼센트 규칙'에 따라서 삽니다. 설명해 볼게요. 방에 홀로 앉아 있어요. 이때 여러분은 60퍼센트 수준에 있습니다. 이제 무언가가 삶에 들어와서 이 60퍼센트 수준을 높이거나 낮춥니다. 그 가운데서 여러분을 더 나은 사람으로 만드는 것만 받아들여야 합니다. 60퍼센트 수준을 깎아먹는 것 같은 대상이나 사람이 있다면, 인생에서 내치세요. 그 사람, 혹은 그것이 없으면 당신은 더 잘 살 거예요.

ItsAyyLucky, 18세

롤모델

고무적인 사람을 두고 이렇게도 말해.

인생을 살다 보면 닮고 싶은 면을 지닌 사람을 종종 만나. 내가 열다섯 살 때 만난 제스 위너는 정말이지 내가 열망해 마지않는 모든 면을 한 몸에 지닌 종합선물세트 같은 사람이었어.

제스는 자수성가한 사업가야. 그녀는 전 세계 여성과 소녀들을 교육하고 후원하여 그들이 스스로의 역량을 키우도록 도왔어. 그녀도 나처럼 과체중에 몸집이 좀 있지만, 자신의 몸에 대한 생각을 긍정적인 방향으로 극복해 왔지. 제스를 처음 만난 날이 기억나. 첫눈에 반했어. 내가 앞으로 하겠다고 마음먹은 모든 것을 이미 이룬 사람을 만난 거야. 완벽한 롤모델을 찾은 거지.

제스는 내가 WeStopHate를 만들었을 때 좋은 멘토가 되어 주었어.

나는
*엄마 멘토*라고 불러.

제스는 내가 비전을 갖도록 도와주었어. 그리고 계속해서 더 큰 생각을 하도록 격려해 주었지. 어려움이 있어도 멈출 수 없었어. 엄마 멘토를 흐뭇하게 해 주고 싶었으니까. 그녀가 뒤에 있다는 생각만으로도 자신감이 솟았어.

제스는 또 내게 다양한 사람들을 소개시켜 주었어. 그들도 영감을 주었지만 제스만큼 많은 영감을 준 사람은 없었지. 제스는 내가 꿈꾸는 그런 인생을 살고 있었어.

너도 너의 제스를 찾아야 해. 그러기 위해서는 일단 자기 자신을 찾을 필요가 있어. '난 누구지?'라는 질문에 진정성 있게 답할 수 있어야 한다는 뜻이야. 네가 무엇을 원하고 네게 무엇이 소중한지 알 때, 그때 제스 같은 사람과 인연이 닿는다면 길이 열릴 거야.

이 사람이다 싶은 롤모델을 만났다면 두려워 말고 너 자신을 당당히 드러내. 그리고 네가 필요로 하는 도움과 조언을 부탁해.

●　　●　　●

하지만 반대의 경우라면 어떻게 하지? 지금 네 주변에는 너를 의기소침하게 만드는 사람들만 가득할 수 있어.

당장은 벗어날 수 없는 사람

네 삶에는 아마 '그저 그런' 사람들이 있을 거야. 그들도 당연히 좋게 대해야 하지만⋯ 그들에게 나가는 문을 알려 줘. 아니면 네가 문을 찾아.

물론 그럴 수 없는 상황도 있어. 이럴 때 그들은⋯

(당장은) 벗어날 수 없는 사람이 돼. (지금 당장) 네 삶에서 어찌할 수 없는 사람들이야. 그들은 가족일 수도 있고, 선생님이나 반 친구, 직장 상사나 동료일 수도 있어.

알잖아. 상황에 따라 달라.

이런 사람들이 네 삶에 있을 때 '만약' 질문을 올바로 던진다면 도움이 될 거라고 생각해.

만약 '당장은 벗어날 수 없는 사람' 때문에 비명을 지르고 싶다면 대신 심호흡을 다섯 번 해봐.

만약 '당장은 벗어날 수 없는 사람'과 보내는 내 시간이 실제로 값지다면? 시선을 긍정적으로 바꿔 볼 필요가 있지 않을까?

만약 '당장은 벗어날 수 없는 사람'을 더 이상 보지 않아도 되는 날이 정말로 온다면?

당신을 헐뜯고 욕하는 사람들은 함께 오래 같이 갈 사람들이 아닙니다. 그냥 스스로에게 집중하며 정신 건강이나 챙기세요.

JJsHeart, 19세

가상 세계

그런데 생각해 봐. 솔직히 우리가 '레알(현실)'의 삶만을 살고 있는 것은 아니야. 우리 눈이 스크린 화면을 쫓는 시간, 귀에 이어폰을 꽂고 있는 시간이 얼마나 많은지! 이 사실을 잊으면 안 돼.

'레알'의 삶에서 네 옆에 둘 사람을 의식적으로 고르는 것과 같이, 네 가상 세계 콘텐츠도 옥석을 잘 가릴 필요가 있어. 열린 창(Windows)을 통해서 무엇이 들어오고 있니? 무엇을 보고 있어? 무엇을 읽어? 무엇을 들어? 무엇을 다운로드하고 있어?

그게 기운을 북돋아 주니? 선량한 마음이 생기니? 인생에 도움이 돼? 영감을 줘?

만약 그렇지 않다면 창을 닫아.

• • •

다른 사람이 줄 수 있는 멋진 영향들을 잘 받아들여 최고로 활용해. 네 인생에 도움이 되는 좋은 것들이 정말 많을 거야. 그러는 동시에, 별 볼일 없는 것이나 아예 대놓고 나쁜 것들은 잘 피해 다녀야 해. 쓰레기도 발에 치이게 많으니까 조심해.

'의식적 선택'을 하는 거야. 정리됐니?

좋아, 그럼 방정식의 맞은편으로 넘어가 보자.

아낌없이 나눠.

좋은 영향을 받아들이고 나면 어쩔 수 없이 그걸 나누고 싶어질 거야. 좋은 영향을 나누는 실천을 통해서 너는 세상을 더 좋은 곳으로 바꾸는 데 힘을 보태는 셈이야.

얘기하고 싶은 건 많아요. 그중에서도 아직 하지 않은 얘기가 있어요. 그건 바로 우리가 다른 누군가의 삶에 큰 영향을 미칠 수 있다는 거죠.

Strawburry17, 19세

모두가 같은 종류의 힘을 가질 수 있을 때는 그것이 힘이란 사실을 놓치기 쉬워.

"뉴스 속보입니다. 영향력은 힘이고, 그것은 우리 모두에게 열려 있습니다."

영향력
=POWER

우리는 모두 영향력을 행사할 수 있어. 모든 사람은 어떻게든 다른 사람의 삶과 닿아 있기 때문이야. 누군가가 (어떤 식으로든) 너와 관계가 있다면 그 사람은 너의 '영향 반경' 안에 있는 셈이야. 도움을 주거나 위로를 하거나, 혹은 어떻게든 타인의 삶에 긍정적 영향을 줄 수 있는 많은 기회를 잡아서 실천에 옮긴다면… 너는 세상을 더 낫게 만들고 있는 거지.

긍정적인 영향력을 아낌없이 나눠. 네가 가진 좋은 것을 나누는 일을 계속해.

모두에겐

영향 반경이 있다.

네 영향력을 어떻게 쓰고 있니?

너는 주변에 어떤 영향을 미치니? 긍정적인 힘? 부정적인 힘? 세상에서 좋은 힘으로서 존재한다는 건 사실 단순한 문제야. 우리의 인간성, 인간 덕목의 더 나은 측면을 발견하여 그것을 세상에 꺼내 놓는 비교적 간단한 일이지.

인간의 다양한 덕목을 모아 봤어. 한번 쭉 살펴봐. 그중 어느 것이 '너'를 설명한다고 생각하는지 말해 봐. 네가 가장 자연스레 자주 사용하는 것이 바로 너를 설명하는 덕목일 거야.

인간의 다양한 덕목

이 중에서 너를 잘 설명하는 단어를 골라 봐.

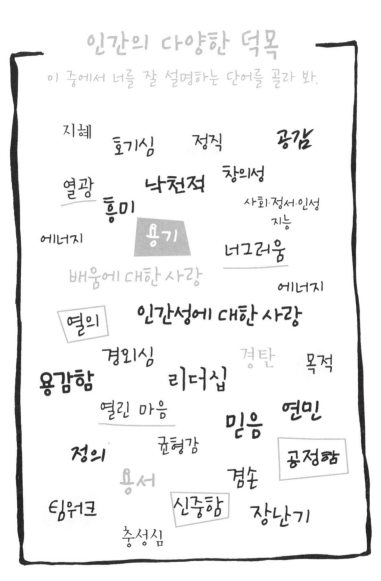

지혜   호기심   정직   공감

열광   낙천적   창의성

흥미   사회·정서·인성 지능

에너지   용기   너그러움

배움에 대한 사랑   에너지

열의   인간성에 대한 사랑

경외심   경탄   목적

용감함   리더십

열린 마음   믿음   연민

정의   균형감   공정함

용서   겸손

팀워크   신중함   장난기

충성심

참고: 개수 제한은 없어. 많이 골라도 돼.

네가 바로 '너'라고 생각하는 덕목들(네가 가장 자주, 그리고 자연스레 사용하는 것들)이 너의 '대표 강점(Signature Strength)'이야. 대표 강점은 너에게 풍부한 덕목이기 때문에, 그 영향력을 아낌없이 나눌 수 있어. 왜냐하면… 곳간에서 인심 나는 법이니까!

그리고 네가 특별히 '너'라고 생각하지는 않지만 앞으로 더 가지고 싶은, 그러니까 '난 이걸 더 원해.'라고 생각하게 하는 덕목들에도 주의를 기울일 필요가 있어. 그것들 역시 '너'일 수 있어. 잠재적인 너, 다시 말해서 아직 대표 강점으로 드러나지 않고 숨어 있는 너일 수 있다는 거야. 누가 알아? 장차 언젠가 그것들이 바로 네가 아낌없이 나누는 대표 강점이 될지.

하지만 그것이 지금 너의 강점이든, 아니면 아직 아니든 간에, 어쩌면 앞으로도 계속 아닐지 모르지만, 인간의 좋은 덕목을 항상 마음에 품고 가능한 한 많이 생각하는 건 아주 좋은 일이야. 왜냐하면 좋은 덕목의 반대편 끝에는 악덕이 있기 때문이야. 사람은 악의 손아귀에 놀아나기 쉽거든.

Ha-Ha !

바이스그립(vise grip)이라는 공구를 아니?
글자만 놓고 보면
'악(vice)의 손아귀(grip)'라는
뜻도 돼. 하하.

악덕은 우리의 행복을 방해하는 건강하지 않은 정신적 습관이야. 이를테면 필요한 것보다 더 많이 챙기고 싶은 욕심, 미움으로 발전할 만큼 너그럽지 못한 마음, 불안감이 만들어 낸 하찮음과 부정직함 등등이야.

이런 것은 좋지 않아. 하지만 세상은 이런 것들이 보상을 받는 기이한 장소야. 부정과 탐욕에 찌든 월스트리트를 봐. 정치권이 사람들을 분열하고 거짓을 조장하는 모습을 봐. TMZ(싸구려 가십을 다루는 미국 연예 매체―옮긴이)가 (솔직함을 빙자해) 저열하고 유치한 콘텐츠들을 생산하는 모습을 봐.

우리는 적극적으로 이런 쓰레기들의 반대편에 설 필요가 있어. 나 자신에게 정말 중요한 것이 무엇인지 상기함으로써 여기에 대항해야 해.

인간의 덕목과 그것을 사용해 세상에 긍정적 영향을 주는 우리의 능력… 바로 이것이 중요해.

너의 긍정적 영향력을 행사해. 아낌없이 너의 영향력을 나눠. 쓰레기에 대항해.

뉴욕에 살 때였죠. 비가 오는 날 우산 없이 다니는 사람을 보면 우산을 함께 쓰곤 했어요. 하루는 집에 오는데 지팡이를 짚은 노인 한 분이 비를 맞으며 언덕을 내려가고 계시는 거예요. 얼른 다가가서 "제가 씌워 드릴게요."라고 했더니 "고맙습니다" 하시더라고요. 걸어가며 이런저런 얘기를 나눴죠. 아흔두 살의 할아버지였는데, 완전 친절하고 젠틀했어요. 우리 동네에서 평생을 살아온 이야기를 들었어요. 그분을 댁까지 모셔다 드렸는데, 그분은 저에게 우산을 씌워 줘서 고맙다는 인사는 하지 않았어요. 대신 말동무가 되어 줘서 고마웠다고 했죠. 멋진 순간이었답니다. 타인에게 마음의 문을 연다는 게 얼마나 설레는 일인지 새삼 깨달았어요.

앨리슨 카터 토머스(Allison Carter Thomas)(@AllisonCarterT),
MTV 프로그램 〈Girl Code〉와 〈Awkward〉 출연 배우

대표 강점을 활용해.

너의 대표 강점으로 세상에 영향을 (분별 있게, 그리고 아낌없이) 주는 동시에 그것을 탐구하고 싶다고? 방법을 알려 줄게.

대표 강점 활용법 4단계

단계 1. 마음에 드는 대표 강점을 확인해.

단계 2. 대표 강점이 일상에서 어떻게 쓰이는지 봐.

단계 3. 타인에게 긍정적 영향을 미치는 방향으로 대표 강점이 사용되도록 창의적이고 단순한 방법을 창안해.

단계 4. 그 일을 행동으로 옮겨.

이해를 돕기 위해 내 대표 강점 하나를 가지고 예를 들어 볼게.

단계 1.　내가 가장 좋아하는 나의 대표 강점은 '공감'이야. 나는
　　　　타인에게 쉽게 감정 이입할 수 있어.

단계 2.　나는 공감 능력을 사용해서 싸움을 피해. 내 입장만을
　　　　생각하지 않고 타인의 관점을 고려해.

단계 3.　공감 능력을 타인에게도 긍정적인 영향을 주는 쪽으로
　　　　사용할 방안을 찾기 위해 잠시 창의적 두뇌 회전을 해봤
　　　　어. 서로 의견이 다른 두 친구가 있을 때 나는 각자의 입
　　　　장을 잘 이해할 수 있기 때문에 중재자로 나설 수 있어.

단계 4.　행동할 방법을 찾았기에 실제로 행동에 옮길 수 있어.

북돋음 효과

이러한 과정을 통해서는 비단 네가 긍정적 영향을 주려고 선택한 사람뿐만 아니라 바로 너 자신에게도 많은 이득(과학적으로 증명된 이득)이 있어.

대표 강점을 새로운 방법으로 사용할 때 네 삶도 더 행복하고 충만하게 고양돼. 이것은 실제로 계측이 가능해(어떻게 하는지는 묻지 말 것).

대표 강점 + 새로운 방식으로 활용 = 더 행복하고 충만한 삶

풀이 죽어 있거나 일진이 사나워 보이는 친구가 있다면 다가가 위로해 주세요. "오늘 헤어스타일 완전 멋진데!" 이런 한마디면 돼요. 점심을 혼자 먹는 친구가 있다면 옆에 앉아 말동무를 해 주어요. 도움을 받는 사람도 기분이 좋지만, 주는 사람도 기분이 좋아지죠. 우리들의 자신감과 자존감도 높아질 거예요. 주변에서 위로가 필요한 사람을 찾아보세요.

리키 딜런(Ricky Dillon)(@RickyPDillion), 17세, 인터넷 스타

파급 효과

파급 효과도 과학에 근거해. 하지만 그 효과에 대한 계측은 아마 더 어렵지 않을까? 파급 효과는 대표 강점을 활용함으로써 볼 수 있는 좋은 예야.

네가 어떤 좋은 행위를 할 때 직접 파생되는 긍정적인 효과는 어렵지 않게 관찰할 수 있어. 하지만 파급 효과는 거기서 멈추지 않아. 2차, 3차의 다른 긍정적인 효과들이 나타날 거야.

아주 작은 선행의 파급 효과는 우리가 알 수 없어. 하지만 파급되어 나가는 걸 볼 수 있다고 상상해 봐. 그 상호 연결성을 목도하고 놀라움을 금치 못하겠지. 입을 너무 크게 벌려서 턱이 빠질지도 몰라. 그러고 나면 좋은 행위의 가치에 대해 훨씬 더 진지하게 여길 수밖에 없을 거야.

한 번의 진솔한 미소가 수많은 잔물결로 퍼져 나갑니다.

모니크 콜먼(@GimmeMoTalk), 영화 〈하이 스쿨 뮤지컬〉 출연 배우

대표 강점을 새로운 방식으로 사용해서(이것은 네 삶을 더 행복하고 충만하게 북돋아.) 좋은 행위를 한다면(이것도 네 삶을 북돋아.), 네 영향 범위는 기하급수적으로 증대돼(수많은 타인의 삶이 더 행복하고 충만해져.).

아낌없이 영향력을 나누면 그것은 거침없이 퍼져 나가. 아낌없이(그리고 거침없이) 일파만파로 증대돼. 첫 파동을 만드는 것이 네가 해야 할 일이야.

쉬운 일이야. 효율적이고… 반론의 여지도 없지.

나쁜 습관은 고쳐.

물론 영향력을 부주의하고 무책임하게 사용할 수도 있어. 가능해. 하지만 그건 누구에게도 도움이 되지 않아. 부정적 파급 효과를 일으키니까. 혹시 네가 그러고 있는 것은 아니겠지?

악담/악플

"몽둥이와 돌로 뼈를 부러뜨릴 수 있지만 말로 우리를 다치게 할 수는 없다."는 말을 다들 알겠지? 이런 말해서 미안한데, 그거 완전 거짓말이야.

DiamondInTheRufff, 16세

뒷얘기

정말 끝장으로 무의미한 일을 단 하나만 꼽으라면 난 뒷얘기라고 말하겠어. 내가 뒷얘기 자리에 끼어서 느낀 건 말이야, 사실 내가 그 친구들보다 나은 것 같은 기분이 들려고 씹는 건데, 실제로는 그냥 내가 쓰레기 같은 인간처럼 느껴진다는 거야.

AidanIsWeird, 15세

자기 파괴

잘못된 부류의 사람들을 옆에 두는 경우가 있죠. 심지어 그 사실을 깨닫지도 못해요. 저도 한때 그랬어요. 제 주변에 있던 그들이 좋은 사람들은 아니었죠. 지금의 친구들은 있는 그대로의 저를 좋아해요.

Nathizzz, 16세

잘못된 우월감

"아, 내가 너무 밑지는 거 같아. 어떻게 자기가 나 같은 사람을 만나. 그렇게 생각 안 해?" 드라마퀸도 아니고, 매일매일을 연극처럼 살아 봤자 허상은 언젠가는 깨지기 마련이랍니다.

CorttneyDunkin, 18세

괴롭힘/왕따

2년 넘게 사이버 왕따에 시달려 왔어요. 저에게 달린 악플 하나만 적어 볼게요. "너 기억 안 나? 다 너 싫어해. 혼자 방구석에 있던 금요일을 잊었나 봐? 너 괴롭히는 게 아니라, 그냥 네가 싫어. 다른 애들도 다 그렇대." 여전히 여기에 상처를 받아요. 누군가 생각 없이 써 갈긴 조롱이 나란 사람을 바꾸었어요.

DancerProductionsx3, 16세

고정 관념

예전에 나는 남들과 혐오의 감정을 주거니 받거니 하며 끔찍한 기분을 느끼곤 했어요. 내가 미움을 받는 이유를 몰랐으니까요. 나는 사람들을 멋대로 판단했어요. 안경 쓴 애를 보면 범생이라고 생각했죠. 치마가 무릎 위로 10센티미터 올라와 있으면 걸레라는 말이 나왔지요. 미식축구 셔츠를 입고 다니는 애는 양아치였고요. 과거에 그들과 비슷한 사람을 만나고 비슷한 일을 겪었던 경험을 바탕으로 미뤄 추측한 거였어요. 당연히 근거 없는 억측이지요. 이제는 내가 안경을 쓰고 미식축구 셔츠를 입어요. …하지만 나는 범생이도 양아치도 아니에요.

ThatOneBrandonKid, 17세

영향력은 이처럼 유해하고 몹시 불쾌한 방식으로도 쓰일 수 있어. 혹시라도 네가 그러고 있다면 조금 손볼 사람이 있는데, 그건 바로 너야. 다행인 건 네 영향을 가장 크게 받는 한 명이 바로 너 자신이라는 거야. 네 영향력을 너에게 사용하는 거지.

앞서 살펴본 '대표 강점 활용법'으로 자신의 나쁜 습관을 고쳐 보자. 아무런 도움도 안 되는 건강하지 않은 행동들은 언젠가는 어떻게든 본격적으로 드러나서 나쁜 영향을 미치기 마련이니까.

최선을 다해서 더 나은 새로운 습관을 몸에 붙여. 그 과정을 더 쉽고 재미있게 만드는 게 중요해. 그러기 위해서는…

최고의
예술가가 돼.

뉴욕 맨해튼 도심의 한 건물 벽에 한때 이렇게 쓰인 커다란 그래피티(graffiti)가 있었어.

오랫동안 나는 이렇게 생각했어. "'나는 최고의 예술가'라고? 놀고 있네."

이제는 이렇게 생각해. "스스로 영감을 주는군."

너도 따라 해 봐. 스스로를 최고의 예술가로 생각해. 그럼으로써 자신에게 (아낌없이) 영향을 줘.

왜냐하면 그게 너니까. 모든 사람이 다 그래.

우리는 모두
삶의 예술가

삶의 예술가에게는 삶의 모든 게 예술 행위야.

실제로도 그러니까. 모든 건 창의적이거든.

세상을 봐. 존재하고, 행동하고, 보고, 느끼고, 경험하고, 생각할 수 있는 모든 대상을 봐. 그게 전부 네 팔레트야. 네 생각, 행동, 습관, 의도를 예술로 만들어 봐. 매일 보며 함께할 수 있는 예술을 창조해.

왜냐하면 정말로 매일 보며 함께할 거니까. 네 예술은 너의 일부가 돼.

일단 시작은 너 자신에게 영향을 주는 일에 있어 예술가가 되는 거야. 그다음은…

스스로에게 영향을 주기 위해 할 수 있는 일은 아주 많아. 대다수가 정말 간단한 일이야.

나는 그냥 춤을 춰! :) • 옷을 빼입고 음악에 맞춰 몸을 흔들자 • 다른 사람을 기쁘게 하면 나도 행복해. 도덕 교과서에 나오는 말이 아니라 정말이라고 :) • WeStopHate 동영상을 보면 항상 기분이 좋아! 멋진 친구들이야! • 네가 사랑하는 걸 전부 포스트잇에 적어 봐. 그것을 네 방과 사물함 여기저기에 붙여 놓고 항상 그것을 떠올리며 웃음을 잃지 마! • 울적할 때는 친구와 수다를 떨거나 돌아다니는 게 최고지 • 피아노 교습을 다녀와 :D • 빠순이 짓도 좀 하고 (: • 사람들을 웃게 만드는 걸 좋아해 (: • 오늘은 그 사람을 띄워 주자! • 좋은 옷을 입자 :) • 그림도 그려 :) • 독서, 독서 • 음악을 들으면 무조건 기분이 좋아 • 영화도 좋아 :) 영화는 행복이야 • 축구 :) • 내 인생은 다른 누구도 아니라 나를 위해 사는 거야. 이 사실만 기억해. 남들이 나에 관해 뭐라고 하든지 신경 쓰지 말고 :) • 밖에 나가 놀자 =) • 웃을 수 있을 때 웃고 살자, 우리.

MichelleTells, 18세

너는 최고의 예술가야.

어떻게 너 자신,
그리고 네 주변에
영향을 주고 있니?

결점으로 빛난다

너를 판단하지 않을 거야. 나도 힘든 시간을 보냈어. 그러니 내가
조금 도움이 될 수도 있지 않을까?

Couchpotatokid05, 17세

이 책의 목소리는 '우리 세대'를 대변해.

GENERATiON
WE

우리에게는
결정과 힘이 있어.

WE 세대(Generation WE)는 "이제 그만 됐어."라고 말해. "이제는 되지 않았을까?"가 아니라, "된 것으로 치자."가 아니라, 완전히 됐다고, "게임 끝!"이라고 말해.

밀레니얼 세대, 세계화 세대,
NEXT 세대, Net 세대라고도 해.

WE are done

미움과
그로 인한 모든 것,
이제 그만 됐어.

WE 세대는 '미움'을 우리들 마음과 이 지구로부터 떠나보내고 있어… 각자 할 수 있는 만큼.

우리는 멈추어야 해요. 미움을 멈추어요.

HannahTheDreamer100, 15세

이 지긋지긋한 미움의 감정을 세상에서 몰아내요.

MeghanProductions, 16세

이제는 끝내야 해요.

ProjectCaritas, 17세

우리는 다른 대안을 제시해야만 합니다. 가능한 일이라고 생각해요. 그래서 우리가 서로를 대하고 또 자신을 대하는 방식이 확연히 바뀐 것을 정말 정말 정말 정말 되돌아보고 싶네요.

에밀리 그리너(Emily Greener)(@ThatGirlGreener),
I AM THAT GIRL 공동 창시자

상황이 좋지는 않아. 여기저기 불길한 조짐이 나타나고 있어. 온통 장밋빛이 아니라 먹구름이야.

"우리에게 오고 있는 미래는 쇠락하고 망가진 세상이야. 일련의 재앙에 가까운 문제들을 안고 있지…."

여기에 대해 무언가 할 시점이 됐어.

사실 어제오늘 일은 아니었어. 하지만 다들 손을 놓고 있었지. 이제부터 우리(WE)가 하자.

GEN-WE.com 에서
인용

We Stop Hate. 뭔지 알죠? 전 세계 십대들이 모여 서로 이야기를 나누고 모두를 돕는 일이랍니다.

CorttneyDunkin, 18세

WE will STOP as much HATE as possible.

우리는 미움을 멈추고

WE will START as much LOVE as possible.

우리는 사랑을 시작해.

세계 시민으로서 저는 타인을 섬깁니다. 그런 측면에서 저의 탁월함은 결코 다른 이의 그것보다 우월하지 않습니다. 저의 탁월함은 오직 다른 이의 잠재력 발현을 돕는 용도일 뿐입니다.

앨리슨 스토너(Alyson Stoner)(@AlysonOnTour), 20세,

영화 〈열두 명의 웬수들〉 출연 배우

WE 세대는 섬기는 사람들이야.

우린 준비됐어.

네가 이 책을 읽으며 감정이 한껏 고양되어 있다면 그건 어떤 낌새를 챘기 때문이야. 한 단계 더 성장하겠다는, 너를 세상에 내놓겠다는, 오롯한 너 자신이 되겠다는, 그리고 그것을 더 격!렬!하!게 나누고 싶다는 욕망에 불을 댕기는 영감이야.

너의 결점이
세상을
밝힐 준비가
되었어.

하지만 지금 네 기분이 그렇지 않을 수도 있잖아. 나눌 게 하나도 없다는 확신만 들거나, 나누고는 싶지만 그래 봐야 찻잔 속의 태풍에 불과할 거라고 여길지도 몰라. 아니면 지금이 아니라 나중에 나누고 싶을 수도 있고.

만약에 이런 생각에 잠식되어 있다면, 그건 십중팔구 네 오랜 친구(내 오랜 친구이기도 해.) '부족해' 씨가 슬쩍 끼어들었기 때문일 거야. '부족해' 씨는 늘 하던 대로 넌 아직 부족하다고 속삭이며 너를 말려. 소중한 친구를 지켜 준다는 명목인데, 그러니까 무엇으로부터 지켜 준다고 주장하느냐 하면… 그래… 네가 '쪽팔려' 죽을까 봐 그렇대.

하지만 네가 지금 가장 원하는 것이 쪽팔려 죽지 않는 것이 아니라 반짝반짝 빛나는 거라면? 네가 지금 가장 하고 싶은 일이 스스로를 반짝반짝 빛내는 거라면?

'부족해' 씨의 존재를 느끼면 곧바로 또 다른 친구 '충분해' 씨를 호출해.

‘충분해’ 씨의 이러한 도발은 ‘부족해’ 씨를 자극해. 뒤에서 소곤 대던 ‘부족해’ 씨가 얼굴을 붉히며 모습을 드러내지. 이제는 네가 나설 차례야. 얼굴에 웃음을 짓고 이렇게 말해.

‘완전’이라는 단어를 말할 때는 과장된 연기를 해도 좋아.

"나는 완~전 충분하거든."

완전 충분하기 위해서 너는 아무것도 할 필요가 없어. 아니, 한 가지 조건만 더 충족되면 돼.

멋진 결점을 갖는 거야. 그 결점도 너 자신이야. 이제 빛날 준비가 되었어!

네 오랜 친구 '부족해' 씨에게도 이 비밀을 말해 줘. 넌 빛날 준비를 끝냈어. 너에게는 결점이 있으니까.

너, 지금 있는 그대로의 너, 그걸로 충분해. 이 순간, 오늘, 내일, 영원히 그냥 너이면 돼.

TaylorrScreamsRawrr, 15세

말아먹어.

그래, 말아먹는 거야. 설명해 볼게. '부족해' 씨는 네가 빛날 준비가 안 되었다고 맨날 속삭여. 하지만 진실은 뭐냐 하면, 네가 '착륙 준비 완료'라고 여기기 전에 네 빛을 나눌 때야말로 너의 진정한 최고를 나누는 거란 말이지.

네가 세상에서 정말 열심히 멋진 일을 시도하다가… 말아먹을 때 사람들이 너에게서 무엇을 얻느냐에 관한 얘기야.

사람들은 누군가 말아먹는 모습을 정말 사랑해. 왜냐하면 자기가 말아먹는 건 진짜 두려워하거든. 네가 모든 걸 바쳐서 뭘 했는데 이런저런 이유로 잘 안 되는 것을 볼 때(하지만 헛발질 좀 했다고 해서 세상에서 완전히 나가떨어지지는 않는 것을 보며) 그들은 마치 진짜 선물을 받은 것 같은 기분을 느껴. 허락이라는 선물. 무언가를 열심히 시도하고, 자신을 세상에 내놓고, 그리고 어쩌면 말아먹어도 된다는 허락 말이야.

저는 여전히 완벽하지 않아요, 누구나 그렇듯.

JillianLovesFilm, 16세

말아먹어서 괜찮지 않은 경우가 딱 하나 있어. 벌어진 일을 참아 내지 못할 때야. 내가 중학교 때 그랬어. 나는 매일 밤 침대에 누워서 그날 온종일 겪은 일들을 되풀이해 생각했지. '아, 내가 그때 그렇게 하지 않고 이렇게 했어야 했는데….' 하며 모든 일에 '이불 킥'을 날리며 에너지를 낭비했어.

말아먹어도 괜찮다는 것은 삶이 원래 엉망임을 이해하는 거야. 엉망, 엉망, 개엉망! 말아먹는 일은 (사소하든 엄청나든 간에) 피할 수 없어. 그냥 다음으로 넘어가는 거야. 그러는 모습이 아름답고 용감하기 때문이라서가 아니라, 그게 인생이기 때문이야.

Be you
너 자신이 돼.

실수를 했든,
결정이 있든,
맛이 갔든,
뭐가 어쨌든 간에.

말아먹어. 스스로를 사랑해. 어쨌든 그럼으로써 너는 아름다운 본연의 자신으로 거듭나. 가지고 태어난 그대로의 아름다움을 되찾을 수 있어.

당신이 태어난 날 우리는 모두 얼굴을 돌려야만 했어. 너무 아름다워서 가장 예쁜 순간 똑바로 보았다간 실신할 판이니까. 당신의 아름다움을 나는 베이컨과 초콜릿이 가득한 커다란 접시와 비교하겠어. 접시에는 일각수도 거닐고 무지개도 걸려 있을 거야. 뭐, 채식주의자라고? 그래도 아름다워. 앞으로도 쭉 아름답자.

ItsAntoniaWithAnA, 16세

만약...
결점과 실수를 부끄러워하는 대신, 그것을 가엾게 여긴다면?

만약...
결점과 실수에 민망해하는 대신, 그것에 호기심을 갖는다면?

만약...
결점과 실수 때문에 주눅이 드는 대신, 그것으로 자유를 누린다면 어떨까?

좋아하는 일을 해.

좋아하는 걸 찾아내서 실컷 하세요. 제가 해 드릴 수 있는 유일한 조언이에요. 예를 들어, 전 유튜브에 꽂혔어요. 처음에는 심심풀이로 유튜브 활동을 시작했죠. 그런데 정말 좋은 댓글들이 많이 달리는 거예요. 제가 웃기다, 예쁘다, 뭐 그런 말들. 정말 큰 자신감을 얻었답니다. 지금의 저를 보세요. '유튜브 파트너'예요. 정말 잘 나가고 있어요. 사람은 다 다르니까, 유튜브는 어쩌면 여러분에게는 맞지 않을 거예요. 그럼, 운동이나 그림이나 다른 무언가가 있겠죠. 전 모릅니다. 그냥 여러분이 꽂히는 대상을 찾아보세요. 자신이 하고 있는 걸 사랑할 때 자기 자신을 더 쉽게 사랑하게 되니까요. 전 정말 그렇게 생각해요.

Unicornfunk123, 16세

내 친구 디드르(Deidre, Unicornfunk123)의 말이야. 이처럼 네가 하고 있는 일을 좋아할 때 너 자신을 좋아하기도 훨씬 더 쉽다고 생각해. 하지만 좋아하는 일을 하다가도 어떤 공포 때문에 멈추게 될 수 있어.

비웃음을 당할지도 모른다는 공포. 그런 공포를 느낀 적 있니?

네가 좋아하는 일을 한 결과, 조롱의 대상이 될 수도 있다는 공포? 이런 우려는 당연해. 네가 좋아하는 만큼 너에게 중요한 그것이 웃음거리가 된다면, 그때는 상처를 받으니까. 내 친구 리키 딜런의 이야기를 들어 보자. 리키가 좋아하는 일을 시작했을 때도 그런 일이 일어났어. 유튜브 동영상 제작이었지.

고등학교 졸업반 때 올아메리칸리젝츠(All-American Rejects)의 노래 'Move Along'으로 동영상을 만들었어요. 이렇게 저렇게 학교에다 돌았죠. 사실상 우리 학년 전체가 그 동영상을 봤어요. 많은 아이들이 날 비웃었고, 몇몇은 욕설도 서슴지 않았죠. 동영상의 나쁜 점과 나라는 사람의 나쁜 점을 싸잡아 비난하더군요. 세상이 전부 나를 비웃고 있는 것만 같았어요. 그러다가 마침내 깨달았죠. 내가 좋아하는 일에 다른 사람이 영향을 미치게 놔두면 안 된다는 걸요. 특히 잘 알지도 못하는 사람이라면…. 내 친구들은 오히려 나에게 의기소침하지 말고 계속 열정을 쏟아야 한다며, 거기에 대해서 다른 사람이 왈가왈부하는 건 신경 쓸 필요가 없다고 말해 주었어요.

리키는 놀림감이 될지언정 하던 일을 멈추지는 않았어. 4년 뒤에 어떻게 됐게? 지금 그는 유튜브 협업 채널 O2L(Our2ndLife)의 다섯 멤버 중 한 명이야.

참고로
O2L의 구독자 수는
300만 명이야.

리키처럼 되자. 악의에 찬 비난을 받을지도 모른다는 우려 때문에 네가 열정을 가지고 하는 일을 멈추지는 마. 열정을 쏟고 싶다는 것은 거기에 재능이 있다는 얘기야. 하늘의 선물을 소중히 아껴.

너란 사람을 자랑스럽게 여겨. 무엇에 열정을 가지고 있니? 그것을 통해 스스로를 표현해. 계속 그렇게 가는 거야.

리키 딜런(@RickyPDillion), 17세, 인터넷 스타

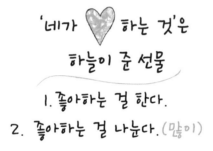

'네가 ♥ 하는 것'은
하늘이 준 선물
1. 좋아하는 걸 한다.
2. 좋아하는 걸 나눈다. (많이)

요즘 제가 고민하고 있는 건 삶의 철학이에요. 지금까지의 생각을 말해볼게요. 내가 여기 있게 된 이유, 내가 생각하는 그 하나를 찾아서 전심전력으로 매달리는 거예요. 그 목적이 무엇이든 간에 타인을 섬길 필요가 있어요. 그럼으로써 나오는 에너지가 많기 때문이죠. 만일 그럴 수 있다면 당신은 정말로 충만한 삶을 이끌 거예요.

애슈턴 모이오(Ashton Moio)(@AshtonMoio), 22세, 영화 〈헝거게임〉 출연 배우

네가 돼.

'네가 돼'라니, 하나마나한 말 같지? 너무 간단하잖아.

하지만 '네가 된다'는 것은, 당연한 말인 만큼 무시하기도 아주 쉬워. 정말로 '자신이 되는 것'을 실현한 사람이 대단한 이유야.

매일매일의 평범하고 소소한 일상에서 너는 네가 될 수 있어. 매일매일의 평범하고 소소한 일들을 실제로 굉장하게 해낸다면 말이지. 그건 용기가 필요한 행동이야. 용감한 일상적인 행동.

용감한 일상적인 행동이란 이런 거야.

● 동영상을 만든다. 그것에 열정이 있으니까. 그래서 설령 악플에 시달리게 되더라도.

● 머리카락을 매직기로 펴지 않는다. 더 이상 그러고 싶지 않으니까. 그래서 설령 세련됨을 포기하게 되더라도.

● 힘든 하루를 보낸 이에게 위로의 말을 건넨다. 말이 쉽게 나오지 않더라도.

우리 엄마는 이렇게 얘기를 해. "안경 쓴 여자애는 남자한테 인기가 없어." 그런데 나는 안경을 쓰잖아. 친구 몇 명은 내 가로줄무늬 옷에 기겁하지. 하지만 난 그 옷들이 좋은걸. 내 패션의 기준? 용감함과 편안함이 전부야!

네가 되려면 충분히 용감해야 해. 그래서 또 좋은 게 뭔지 알아?

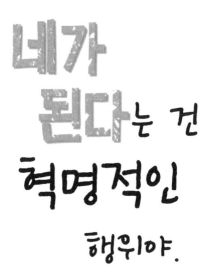

네가 된다는 건 혁명적인 행위야.

네가 된다는 건 터무니없을 만큼 풍부한 다양성을 지닌 이 세상 본연의 모습을 따르는 거야.

모두들 자신의 조각을 가져와 세상이라는 탁자에 올려놓지요. 세상은 다양성을 필요로 해요.

코빈 블루(Corbin Bleu)(@CorbinBleu), 영화 〈하이 스쿨 뮤지컬〉 출연 배우

네가 된다는 건 한없이 넓게 만물을 아우를 줄 아는 이 세상과 기꺼이 하나가 되는 거야.

종교, 인종, 성별, 성적 지향 따위는 상관없어요. 우리는 그저 사랑받기 위해 태어난 사람, 행복하고 싶은 사람들이에요.

ProjectCaritas, 17세

네가 된다는 건 색다른 것들과 평범한 것들 가운데서 유머+지성+아름다움을 볼 수 있는 세상에 한 표를 던지는 거야.

사람들은 십중팔구 주근깨를 별로 좋아하지 않죠. 그런데 하필 나에게 주근깨가 있다면? 그걸 단점이 아닌 장점으로 만들어 봐요.

BowBeauty24, 18세

같은편에
서야 해.

무언가와 같은 편에 서는 게 가장 좋아. 왜냐하면 그것이 보통은 너에게 영감과 기운을 주기 때문이지. 또 너를 고양하고, 하나가 되게 해 줘. 같은 편에 선다는 건 계속 그렇게 갈 수 있다는 의미기도 해.

반대편에 선다면? 다 포기해야지.

자신의 부정적 면이나 세상의 부정적 일들에 지나치게 신경 쓰지 말라고들 해요. 물론 실천보다는 말이 쉽죠. 하지만 실제로 긍정적인 것들이나 제 자신의 좋아하는 면모에 초점을 맞출수록 주변의 모든 다른 것들이 더 쉬워진다는 걸 알았어요.

셰인 비트니 크론(Shane Bitney Crone)(@ShaneBitney),
영화 〈Bridegroom〉 출연 배우

무언가에 반대하는 것은 쉬워. 사실 우리는 항상 반대를 해. 반대편에 서는 게 최선인 양 말이지. 하지만 욕하면서 배운다는 말 알지? 불관용, 거부, 분노, 호전성, 우월 의식 같은 네가 반대하고 있는 것의 가장 나쁜 면모를 너도 받아들이는 셈이야. '저건 틀렸어'라는 네 믿음을 뒷받침해 주기만 한다면 뭐가 됐든 문제없다는 태도지.

그런데 무언가에 계속 반대하는 건 극도로 기운을 소진하는 일이야. 지속할 수 없어. 오히려 다행이랄까. 아니, 아주 좋아. 엉뚱한 길로 너무 멀리 가지 못하게 해 주기 때문이야. 네가 지금 어떤 것에 애써 반대하고 있다면, 그 '힘듦'이 너를 돌려세울지도 몰라.

무언가의

반대편에 서면

대상을 바꾸는 것만이

최선이지만,

같은 편에 서면

그것을 변화시킬

힘을 갖는다.

너에게 정말로 중요한 대상이 있다면 그것을 바꾸려고 시간을 낭비하지 마. 변화시켜. 그게 더 나은 방법이야. 지금까지 인간 역사를 돌아보면 정말로 유효한 건 변화뿐이었어. 환골탈태(換骨奪胎), 괄목상대(刮目相對), 상전벽해(桑田碧海) 같은 변화.

나는 미움과 피해의 반대편에, 사랑과 도움과 같은 편에 서게 되었어. 내가 타인에게 우호적인 태도로 그들을 돕는 까닭이야.

너는 어떠니? 어느 쪽에 서 있는지 알겠어?

내가
무엇과 같은 편에 서 있는지
확인하는 방법:

1. 내가 무엇의 반대편에 서 있는지 본다.

2. 그것의 반대편을 본다.

3. 같은 편을 확인한다.

기억해.
Remember

우리는 가장 좋은 것들을 항상 까먹곤 해. 망각은 죄야. 따라서 기억을 돕는 수단을 마련할 필요가 있어. 이것을 '리마인더(reminder)'라고도 해. 멋진 삶을 사는 비결이지.

기억을 돕는 리마인더 REMINDERS를 많이 만들어서 여기저기 붙인다.

결점으로 세상에서 빛나야 한다는 사실을 기억하고 있지? 리마인더가 좋으면 기억을 더 잘할 수 있어. 사람들은 중요한 것들을 기억하기 위해 온갖 창의적인 방법을 동원해.

잊지 않기 위한 노력을 해 봐요. 예를 들어, 학교에서 역사책을 많이 본다면 역사책에 작게 이렇게 적어 놓고 계속 보는 거죠. "나는 아름답다. 나는 소중하다. 나는 완벽하게 불완전하다. 그걸로 충분하고 또 그래야만 한다."

BowBeauty24, 18세

WeStopHate 캠페인 팔찌가 정말 마음에 들어요. 이걸 볼 때마다 '나는 나'라는 사실을 기억하죠. 그리고 남들이 나를 판단할 수는 있지만 별로 상관없다는 것도요.

JJWebShows101, 15세

나? 나는 영감을 주는 글귀를 좋아해. 그것들을 내 리마인더로 사용해. 가장 중요한 리마인더는 욕실 거울에 테이프로 붙여 놨어. 나는 이 문구를 고등학교 시절 힘든 시간을 견딜 때 발견했어. 한 문장 한 문장이 내 마음을 울렸어. 지금도 매일 읽어. 이를 닦으면서(그리고 치실질을 하면서).

이제 너와 나누고 싶어. 멋진 결점이 있는 너라는 사람은 그 자체로 빛이 나. 그런 너를 세상 모두가 볼 수 있게 해. 결점으로 밝게 빛나야 한다는 사실을 기억하길 바라. 그게 뭐든 간에.

매일 하루가 끝나면
그날은 그것을 끝낸 것이다.
내가 할 수 있는 일은 다 했다.
어떤 실수와 어리석음에 대한 생각이
틀림없이 떠오를 테지만
가능한 한 빨리 잊어라.
내일은 새로운 날이다.
건강하고 차분하게 내일을 시작해라.
정신을 한없이 드높여서
어제의 허튼소리가 걸리적거리지 않게 해라.

– 랠프 월도 에머슨

이 세상의 우리 모두는 한 사람 한 사람이 다 아름다운 사람이야. 너는 다만 너이면 돼. 남들의 생각 같은 건 신경 쓸 필요 없어. 간단한 문제야. 우리가 마침내 세뇌된 자신을 떨쳐 버리면, 세상에 미움 같은 감정은 필요 없다는 사실을 깨닫지 않을까? 모두가 행복할 수 있어. 모두가 사이좋게 잘 지낼 수 있어.

유튜브의 WeStopHate는 바로 이 얘기를 하고 있어. 여기서 하는 얘기를 머리에 잘 집어넣어. 남을 미워하지 마. 남들 때문에 네 자존감이 깎이지도 말고. 그냥 너 자신이 돼. 그다음에 스스로에게 무슨 일이 일어나는지 잘 봐.

나 간다. 안녕.

DeeFizzy, 17세

WeStopHate를 운영하고 WeStopHate 팀과 함께 일한 것은 내 삶에서 가장 보람된 경험이었어. 너희들 모두가 결점의 빛을 사용하길 바라. 그래서 각자 관심을 가진 일에 당당히 임하면 좋겠어. 무엇보다도 내가 하고 싶은 말은 이거야.

그냥
시작해.

•참고•

| 1장 |

"우리의 이야기를 우리 자신으로 오인한다. 우리에게는 이야기가 있다. 하지만 우리는
우리의 이야기가 아니다."

마크 마토섹은 (베스트셀러) 작가야. 그가 내 친구여서 자랑스러워. 그는
글쓰기가 가진 변혁의 힘으로 사람들이 깨달음을 얻도록 지도해. '난 누구
지?'를 둘러싼 나의 많은 생각들이 그의 영향을 받았어. 네가 글쓰기에 흥
미가 있든 없든 간에 마크 마토섹의 웹사이트를 한번 살펴봤으면 해. 주소
는 MarkMatousek.com이야.

이 놀이를 계속하는 거야!

제임스 P. 카스(James P. Carse)는 《유한하고 무한한 게임: 놀이와 가능성
으로서의 삶의 비전(Finite and Infinite Games: A Vision of Life as Play
and Possibility)》이라는 명저를 썼어. 여기서 나도 '무한한 게임'이라는 삶
에 대한 접근법을 배웠고, 그러한 변화를 이루어 냈어. "유한한 게임의 목
적은 이기는 것이다. 무한한 게임의 목적은 놀이를 지속하는 것이다."

준비하시고, 쓰세요!

줄리아 카메론(Julia Cameron)의 책 《아티스트 웨이(The Artist's Way)》
는 고전이야. 내가 "준비하시고, 쓰세요!"라고 말한 걸 그녀는 '모닝페이지

(morning pages)'라고 표현해. 이 책을 한번 읽어 봐.

| 2장 |

너 자신을 보는 방식으로 세상 모든 것을 보는 법이니까.

확신을 갖고 이런 말을 할 수 있는 것은 디팩 초프라(Deepak Chopra)와 데비 포드(Debbie Ford), 마리안 윌리엄슨(Marianne Williamson)이 공 저한《그림자 효과: 진정한 자신의 숨겨진 힘을 조명한다(The Shadow Effect: Illuminating the Hidden Power of Your True Self)》를 읽고 생 각한 결과야. 특히 데비 포드의 견해가 도움이 되었어.

1만 시간

지금은 여기저기서 '1만 시간의 법칙'을 말하고 있지만, 원래는 말콤 글래 드웰(Malcolm Gladwell)이《아웃라이어(Outliers)》에서 소개한 말이었어.

원근법이 곧 관점이야.

알랭 드 보통의 유튜브 동영상을 몰아 보는 동안에 원근법(관점)에 대한 이러한 해석을 접하게 되었어. 정확히 어떤 동영상이었느냐고 묻지는 마. 너도 한번 몰아 보면 좋겠어.

| 3장 |

가정법을 활용한다.

'만약에'라고 가정하는 방법은 '마법의 단어 IF(The Magic IF)'에서 영 감을 받았어. 러시아의 연출가이자 배우인 콘스탄틴 스타니슬랍스키

(Constantin Stanislavski, 1863~1938)가 배우들을 훈련하기 위해 고안한 방법이지. 그는 오직 미친 사람만이 자신이 무대에서 연기하고 있는 상황을 진짜라고 믿을 수 있다는 걸 알았어. 그래서 배우들이 연출된 상황을 실제 가능성의 눈으로 볼 수 있게끔 '만약에'라는 도구를 준 거야. 미치지 않고서도 미친 것처럼 완전 몰입할 수 있게 말이지.

현재에 머무른다.

'마음 챙김(mindfulness)'이 대유행이야. 여기에 관한 책들이 쏟아져 나오고 있어. 마음 챙김은 말하자면 하루 종일 인터넷에 시달린 신경계를 달래는 수딩밤(진정 효과가 있는, 피부에 바르는 크림—옮긴이)이야. 언제 어디서나 챙길 수 있어. 여기에 관해 더 배워 보길 바라. 그러고 나서 실제로 정말로 실천해 보는 거야(오프라인에서).

| 4장 |

콜럼버싱

(사실이 아닌) 수정주의 역사를 인정하느냐는 것은 우리 시대의 쟁점 가운데 하나야. 마침내 활발한 논의가 일어나고 있어. 우리가 정말로 미움을 멈추고 싶다면 잘못된 역사를 바로잡는 작업이 꼭 필요해. 인정하지 않으면 바꿀 수도 없기 때문이야. 정말 실제로 일어난 일을 얘기함에 있어서는 두려워 말고, 한편으로는 겸손할 필요가 있어. 그것이 정말로 어땠느냐가 그것이 정말로 어떠냐를 결정하니까. 하워드 진(Howard Zinn)의 《미국민중사(A People's History of the United States)》를 읽고 이런 불편한 진실을 많이 알게 되었어.

| 5장 |

꿀벌의 죽음

2013년 말라 스피백(Marla Spivak)은 '꿀벌이 사라지는 이유(Why Bees Are Disappearing)'라는 제목으로 TED 강연을 했어. "꿀벌은 5천만 년을 번성했죠. 각 군체는 40에서 5만 마리로 이루어집니다. 꿀벌들은 놀라운 조화를 이루며 협동합니다. 그런데 왜죠? 7년 전부터 꿀벌들이 집단 폐사하기 시작했어요." 그리고 그녀는 네 가지 원인을 설명해.

| 6장 |

네 주변에 어떤 사람들을 두느냐다.

미안. 사실 난 부처님 이야기 두 개를 섞었어. 부처님은 아난다에게 "좋은 친구와 좋은 동료와 좋은 동지와 어울린다는 것은 수행의 전부나 다름없다"(쌍윳따니까야)고 말했어. 하지만 죽음을 앞두고는 아니었지(대반열반경). 나는 사실 관계가 잘못되었음을 알고 원고를 수정하려다가 말았어. 실수로 합쳐진 이야기가 너무 마음에 들었기 때문이야.

덕목과 대표 강점

크리스토퍼 피터슨(앞에 나온 크리스 피터슨)과 그의 VIA 성격 강점 분류법(VIA Classification of Character Strengths)을 인터넷에서 우연히 보고 많은 걸 배웠어. 그의 책《긍정 심리학 프라이머(A Primer in Positive Psychology)》는 긍정 심리학 분야에서 최고의 입문서로 손꼽혀. 술술 잘 읽히고 팍팍 이해가 된다고들 해. 아직 읽어 보지 못했는데, 곧 읽어 볼 생각이야.

영향력 = POWER

대니얼 골먼(Daniel Goleman)은 감성지능 개념의 창시자야.《EQ 감성지능(Emotional Intelligence)》을 바로 그가 썼어. 그는 유튜브 동영상 '리더십의 미래(The Future of Leadership)'에서 영향력이 새로운 힘인 이유를 밝히고 우리 모두가 리더가 되는 법을 알려 주고 있어.

파급 효과

다큐멘터리 영화《길거리 이야기: 노숙을 다시 보다(Storied Streets: Reframing the Way You See Homelessness)》의 감독 토머스 모건(Thomas Morgan)은 2013년 '세상을 구할 시간이야. 슈퍼히어로 복장을 입어(Put On Your Underoos, It's Time to Save the World)'라는 제목의 TED 강연을 했어. 그는 파급 효과의 대단함에 관해 이야기해. 덕분에 나도 내가 어떤 파급 효과를 일으킬 수 있는지 보고 싶어졌어.

| 7장 |

"우리에게 오고 있는 미래는 쇠락하고 망가진 세상이야. 일련의 재앙에 가까운 문제들을 안고 있지."

GEN-WE.com은 젊은이들이 앞으로 살아갈 이 세상의 암울한 현실을 이야기하지만, 그래도 희망적 여운을 남기고 있어. "해보자!"는 기합과 함께 밝고 차분한 태도로 현실을 직면하게 하지.

나는 완전 충분하거든.

존 캐벗진(Jon Kabat-Zinn)의 '마음 챙김의 회복력(The Healing Power of Mindfulness)'이라는 강연을 듣고 '나는 완전 충분해.'라는 생각이 완전히 머리에 박혔어. 그의 말을 좀 옮겨 볼게. "바라는 걸 현실로 만들 수 있습니다. 당신의 의무입니다. 미래를 바꿀 교육을 원한다고요? 그렇다면 그 일을 할 다른 사람을 찾지 마세요. 당신이 하십시오. 그럴 만한 충분한 사람이 되면 그때 한다고요? 그런 날은 오지 않습니다. 왜냐하면 머릿속 일부에서 계속 너는 아직 충분치 못하다고 말할 테니까요. 넌 충분한 영향력이 없어, 충분한 무언가가 없어…. 당신은 완전 충분합니다. 먼저 치고 나아가는 겁니다."

말아먹어.

한번은 (실은 한 번 이상) 많은 사람들 앞에서 스스로를 웃음거리로 만들었어. 그 재앙과도 같았던 사태를 미술 선생님 프랭크 영(Frank Young)에게 이야기했어. 선생님 말씀은 이랬어. "넌 스타가 되고 싶었구나. 하지만 더 좋은 일을 했어. 타인을 위해 희생한 셈이야. 선생님은 무대를 말아먹은 나를 '희생했다'고 표현했어. 왜냐하면 사람들은 자신의 부족함에 대한 공포를 가지고 있는데, 남의 불완전한 모습을 봄으로써 '아, 저 사람도 그렇구나.'라며 안도하기 때문이래.

네가 된다는 건 혁명적인 행위야.

크리스 록(Chris Rock) 주연의 2009년 영화《굿 헤어(Good Hair)》의 대사에서 영감을 받았어. 흑인 공동체에서 헤어스타일이 미치는 영향을 추적한 다큐멘터리 코미디야. 트레이시 톰스(Tracie Thoms)는 이렇게 말해. "머리통에서 머리카락이 자라는 동안 같은 질감을 유지하는 일은 혁명적으로 보여. 왜 그런 거야?"

같은 편에 서야 해.

아디야샨티(Adyashanti)는 요즘 많이 회자되는(더불어 많은 존경을 받는) 영적 스승이야. 미국 태생답게 유창한 말솜씨로 "나는 어떤 봉사를 하며, 그것을 시작할 가장 현명한 방법은 무엇인가?"에 관해 말했어. 인터넷 검색창에 '아디야샨티'와 '오메가 명상 센터(Omega Institute)'(말을 들을 당시에는 여기 있다고 했어.)를 치면 관련 정보를 찾을 수 있을 거야.

다 보이게 안 보이는 브레네 브라운(Brené Brown)

"이 책은 브레네 브라운과 아무런 관련이 없습니다." 기술적으로는 그렇게 말할 수도 있겠지만 그건 떳떳하지 않아. '이건 이미… 그 유명인(브레네 브라운—옮긴이)이 말한 거야!'라는 생각에 몇 번이고 집필을 덮을 뻔했으니까. 브레네 브라운은 결점에 관한 우리 대화에 (아주 크게) 기여했지만, 다행히도 그녀의 생각이 보편적이 된 덕분에 나도 편히 꺼내 쓸 수 있었어. 이 책을 쓰며 그녀의 책《불완전함의 선물(The Gifts of Imperfection)》을 오디오북으로 듣고 있어. 너희도 일독을 해봐.

•감사의 말•

무엇보다 누구보다 진 디머스에게 감사합니다. 이 책이 나온 건 당신 덕분이에요. 내 가장 중요한 '타인'인 당신도 결함으로 밝게 빛나네요. 슈미드(Schmid, 에밀리-앤 리걸의 별명—옮긴이)에겐 루비(Ruby, 진 디머스의 별명—옮긴이)가 필요합니다.

나에게 언제나 영감을 주는 제스 위너에게 감사합니다. 내 삶은 그녀를 알기 전과 안 다음으로 나뉘어요. 로리 매저스키(Lori Majewski)는 열다섯 살짜리 '의욕 소녀'를 믿어 주었어요. 세스 매트린스(Seth Matlins), 에릭 도슨, 제니퍼 바클리(Jennifer Barkley), 제이슨 펠드먼(Jason Feldman), 나탈리 몰리나 니뇨(Nathalie Molina Niño), 셰인 폴락(Shane Pollack), 나넷 디로로(Nanette DiLauro), 애니타(Anita)와 존 매그리올라(John Magliola), 모니크 콜먼(Monique Coleman), 데니즈 레스토리(Denise Restouri), 레이디 가가(Lady Gaga)는 내 성장과 발전에 정말 많은 시간과 정력, 자원을 투자해 주었어요.

브랜던 털리(Brandon Turley), 질리언 카니(Jillian Carney), 케이틀린 무어헤드(Kaitlyn Moorhead), 샘 킬마노비치(Sam Kielmanowicz), 디드르 몰루라(Deidre Mollura), 클레어 로러(Claire Lawlor)에게도 감사를 전합니다. WeStopHate 활동을 하며 여러분과 협력·협업을 하는 무척이나 보람된 경험을 하였습니다. 이든 셔(Eden Sher), 케일럽 네이션(Kaleb Nation), 알렉사 로지(Alexa Losey)는 내 이상이 현실에서 이루어지게 도왔습니다.

내 친구들은 계속해서 가슴에 발자국을 남겼습니다. 나시즈(Nathizzz), 넌 슈미들바퍼(Schmiddlebopper, 에밀리-앤 리걸의 인터넷 별명―옮긴이)의 누메로우노(스페인어로 '넘버원'―옮긴이)야. 그리고 슈미들바퍼는 바퍼스(Boppers, 에밀리-앤 리걸을 돕는 전 세계의 유튜브 친구들―옮긴이) 없인 존재할 수 없어. 특히 처음에 나와 친구를 맺어 준 바퍼스에게 감사해. 너희들이 없었다면 나는 유튜브 활동도 WeStopHate 활동도 할 수 없었겠지. 마지막으로 코네티컷 주 그리니치에 있는 성심 수녀원(Convent of the Sacred Heart) 학교의 내 멋진 친구들에게도 감사를 전해. 너희와 함께한 중학교 생활 덕분에 나는 괴롭힘을 당하는 왕따에서 오늘날의 자신감 넘치는 여자가 되었어.

그리고 다음 단체의 지속적인 지원과 사랑을 받지 못했더라면 오늘날의 저는 있을 수 없었습니다. 우리는가족재단(We Are Family Foundation)(지구촌 가족에 대한 이해), 피스퍼스트(Peace First)(평화지킴이 활동), 두섬씽(Do Something)(다른 십대 운동가들과의 만남), 바디샵(the Body Shop)(컬러뷰티풀 캠페인).

우리 가족에 대한 사랑을 온 마음을 다해 전합니다. 엄마, 고마워요. 세상이 두 쪽 나도 엄마는 내 편인 거 알아요. 아빠, 내가 소중히 여기는 교훈과 가치들을 알려 줘서 고마워요. 시종일관 마음이 따뜻한 재퀴(Jacquie), 이심전심 애바(Ava), 나를 제일 아끼는 세일럼(Salem), 우리 사랑하는 미미 할머니, 곰 할아버지, 파파스머미(Papasmommy) 할아버지…. 난 태어나면서 로또에 당첨된 게 맞아.

에밀리-앤 리걸

누구보다 우선해서 에밀리-앤 리걸과 우리의 우정에 감사를 전합니다. 이번 프로젝트에서 나를 믿어 주고 함께 일하며 많이 웃어 주어서 고맙습니다. 꿈꾸던 경력이 현실이 되었네요. 결점 있는 내 친구여, 영원하길.

에이전트 리사 디모나(Lisa Dimona)에게 두 명을 대표하여 감사를 전합니다. 최고의 작가 에이전트예요. 큰 계약을 성사시켜 주어서 고마워요.

출판사인 펭귄 페리지(Perigee)에도 역시 지은이 두 명을 대표하여 감사를 전합니다. 창작에 있어서 최대한의 재량권을 주었습니다. 존 더프(John Duff)를 만난 건 행운이었습니다. 저희에 대한 대우가 남다르셨죠. 편집자 메그 레더(Meg Leder), 최종 편집을 맡아 준 저넷 쇼(Jeanette Shaw)는 최고였습니다. 미술팀과 제작팀의 환상의 작업도 빼먹을 수 없네요. 켈리 셔머(Kellie Schirmer), 티파니 에스트리처(Tiffany Estreicher), 제니퍼 엑(Jennifer Eck), 넬리 량(Nelly Liang), 모두 고맙습니다. 편집자 존 매슈스(Joan Matthews), 탁월한 능력의 마케팅 팀도 있군요. 우리를 믿고 아끼고 지원해 준 모든 분들께 감사합니다!

이 책을 만든 정말 많은 분들이 있었습니다. 제가 어디에서 영향을 받았는지 말해 볼게요. 일단 팔러먼트(Parliament)의 노래 'P펑크(P-Funk)'가 떠오르네요. 이 책은 펑크 정신을 담고 있습니다. "뭐가 잘 안 돼? 다 엉망이야? 그럴 땐 라디오를 들어."('P펑크' 노래 가사 —옮긴이)

내가 자랐고, 이 책을 쓰러 다시 돌아간 호수에 대해 "감사합니다."라고 말합니다. 메인 주의 모우샘 호수 지킴이 여러분, 감사해요.

가족에게도 감사를 전합니다. 주변 모두가 이 책을 쓰는 동안 항상 날 껴안아 주고 제 이름을 크게 불러 주었습니다. 친애하는 디머스 가족 여러분, 한 명 한 명, 그리고 전부에게 감사합니다.

내 현명한 친구들 '자문위원회'에도 감사를! 마크 마토섹, 내가 뭘 물을 때마다 설명해 주고 "그냥 써!"라고 허락하다니, 넌 대인배야. 현명한 여인들: 수재너 브랙먼(Susanna Brackman), 루스 쿡(Ruth Cook), 시스 윌슨(Cis Wilson), 신시아 애들러(Cynthia Adler), 리타 슈워츠(Rita Schwartz), 미셸 것먼(Michelle Gutman), 엘런 쉑터(Ellen Schecter), 데버러 캄프마이어(Deborah Kampmeier), 클레어 언신(Claire Unsinn), 테리 하스(Terri Haas), 로라 파사노(Laura Fasano), 실비아 바사(Silvia Vassao), 리타 캐시(Rita Cassie). 현명한 남사친들: 조지프(Joseph). 프랭크 영(Frank Young), 피터 이언내럴리(Peter Iannarelli), 에드 멀(Ed Murr). 뉴욕의 내 모든 삐약이들, 로브 페너(Rob Penner)에게는 특히 큰절을.

장 콕토 레퍼토리(Jean Cocteau Repertory) 극단은 내 언어를 살찌워 주었습니다. 라이프101-LOL의 마티(Marty)와 헬레나(Helena), 레너드(Leonard), 우나자(Oonaja)에게도 감사를 전합니다. 건축가 케리 쿡(Cary Cook)에게는 ABC를, 극작가 지기 스타인버그(Ziggy Steinberg)에게는 이야기와 코미디의 대사를 빚졌습니다.

(만약에 아카데미 수상 소감이라면 이쯤에서 음악이 나오며 저는 무대 아래로 내려가겠지요.) 여러분, 모두 감사드려요. 아, 마지막으로 하나.

고마워요, IMS. 고마워요, 다르마!

가장 친하고 아끼는 친구 다이앤 루니(Diane Rooney), 수키(Suki), 그리고 대니엘(Danielle)과 팀(Tim)도 고맙고, 비할 데가 없는 리언 앰버(Lian Amber), 페이스북에서 '좋아요'를 눌러 준 모든 분들, 그리고 (이제 음악이 너무 크게 나와서 저는 거의 고함을 질러요.), 그리고 브레네 브라운(Brené Brown)! 아무쪼록 브레네 브라운! 그리고 여러분, 여기 계신 여러분, 여러분 모두 정말로 감사합니다.

진 디머스

나를 마주하는 용기
We Stop Hate

초판 1쇄 발행 2016년 5월 16일
초판 3쇄 발행 2017년 11월 15일

지은이 | 에밀리-앤 리걸 & 진 디머스
옮긴이 | 유영훈
펴낸이 | 한순 이희섭
펴낸곳 | (주)도서출판 나무생각
편집 | 양미애 조예은
디자인 | 오은영
마케팅 | 이재석
출판등록 | 1999년 8월 19일 제1999-000112호
주소 | 서울특별시 마포구 월드컵로 70-4(서교동) 1F
전화 | 02)334-3339, 3308, 3361
팩스 | 02)334-3318
이메일 | tree3339@hanmail.net
홈페이지 | www.namubook.co.kr
트위터 ID | @namubook

ISBN 979-11-86688-44-1 43180

이 도서의 국립중앙도서관 출판예정도서목록(CIP)은 서지정보유통지원시스템 홈페이지
(http://seoji.nl.go.kr)와 국가자료공동목록시스템(http://www.nl.go.kr/kolisnet)에서
이용하실 수 있습니다. (CIP제어번호: CIP2016010509)